탄탄한
논리력

말과 글과 생각이 업그레이드되는

The Little Blue   Reasoning Book

탄탄한 논리력

브랜던 로열 지음 | 정미화 옮김

카시오페아
Cassiopeia

이토록 멋진 '논리'의 세계!

헨리 휴미더는 매우 귀하고 값비싼 시가 한 상자를 산 다음 그 시가를 대상으로 화재 보험에 가입했다. 그런 후 한 달 만에 시가를 모조리 피워버리고는 보험회사에 연락했다. 그는 시가에 대한 보험금을 청구하면서, '연이은 작은 화재' 때문에 시가가 모두 손실됐다고 말했다. 그러나 보험회사는 '그가 정상적인 방법으로 시가를 소비했다'고 반박하면서 보험금 지급을 거절했다.

그러자 헨리 휴미더는 소송을 제기했고, 놀랍게도 그는 그 소송에서 이겼다!

판사는 보험금을 주장하는 그의 논리가 빈약하다고 인정하면서도 그가 시가를 대상으로 한 보험에 가입했다는 사실과 계약 당시 회사 측이 '지급 대상에서 제외되는 화재의 종류'에 대해 따로 설명하지 않았다는 점을 들어서 그에게 승소 판결을 내렸다.

보험회사는 시간도 오래 걸리고 비용도 많이 드는 항소 과정을 진행하는 대신 판결을 받아들이기로 결정했다. 그리고 헨리 휴미더에게 '화재'로 잃어버린 값비싼 시가에 대한 보험금 1만 5천 달러를 지급했다.

그런데…… 진짜 흥미로운 이야기는 지금부터다!

헨리가 수표로 받은 보험금을 현금으로 바꾸자마자 보험회사가 그를 스물네 건의 '화재'를 일으킨 방화범으로 신고한 것이다. 직접 제출한 보험금 청구서류와 법정에서 진술한 내용이 증거가 돼, 결국 그는 유죄 판결을 받았다. 보험에 가입돼 있는 재산에 고의적으로 불을 낸 죄로 헨리 휴미더는 징역 2년과 2만 4천 달러의 벌금형을 선고받았다.

이것이 바로 놀랍고도 흥미진진한 '논리'의 세계다.

이토록 멋진 세계에 발을 들인 것을 진심으로 환영한다.

왜 논리를 알아야 하는가

2천 5백여 년 전, 소크라테스는 지금 우리가 <u>비판적 추론</u>이라고 부르는 학문을 처음으로 선보였다. 그는 '소크라테스 식'이라고 알려진 독특한 질문법, 즉 꼬리에 꼬리를 무는 식으로 질문을 던져서 답을 얻고, 그 답들을 다시 분석하는 방법으로 진리를 얻었다. 이런 과정을 통해 그는 복잡한 문제 뒤에 감추어져 있는 핵심을 드러내고, 당연한 것으로 여겨지던 의견의 장단점을 새롭게 밝히고, 듣기에는 좋지만 의미 없는 말 속에 감추어진 모순된 생각을 알리려고 애썼다. "권위자들이 내리는 개인적이고 말뿐인 판단에 꼭 의존할 필요는 없다"는 그의 말을 곱씹어보는 것은 매우 흥미롭다. 사실 그렇지 않은가. 권위자들 역시 우리와 마찬가지로 종종 혼란스럽고 즉흥적이고 비합리적인 방식으로 생각할 게 당연하니까.

<u>비판적 추론</u>은 비판적 사고라고도 부른다. 넓은 의미에서는 '<u>정보를 평가하는 과정</u>'이라고 생각할 수 있다. 우리가 찾고자 애쓰는 정보는 대부분 문

제나 기회와 관련된 것들이다. 그런데 그 정보가 빛을 발하려면 그것을 바탕으로 해서 어떤 결론에 도달하느냐가 매우 중요하다. 비판적으로 생각할 수 있는 사람은 문제나 기회를 찾아내고, 그것과 관련된 정보를 모으고, 올바른 방식으로 분석해서 믿을 수 있는 결론을 '스스로' 내릴 수 있다. '믿을 만한 판단'을 위해 타인의 힘을 빌릴 필요가 없는 것이다.

상황이 이러한데 학교나 직장 어디에서도 추론 능력을 훈련시키는 과정이 없다는 것은 놀라운 일이다. 특히 새로운 지식뿐 아니라 문제를 이해하고 해석하는 방식을 함께 알려줘야 하는 학교에서 '생각하는 방법'이 아닌 '지식을 가르치는 것'에 몰두하고 있다는 것은 정말 안타까운 일이다.

이 책은 학교에서뿐 아니라 일상생활에서도 유용하게 사용할 수 있는 추론 개념의 핵심을 담고 있다. 다섯 개의 파트로 구성되어 있고 추론과 관련된 50개의 조언이 실려 있다.

1부에서는 추론할 때 기억해야 할 '생각'의 기초적인 틀을 설명한다. 우리는 반쪽짜리 정보와 불완전한 능력으로 이루어진 세상에서 살고 있다. 이런 세계에서는 주관성이 큰 역할을 담당한다. 사람마다 관점이나 생각하는 방식이 모두 다르기 때문에 추론과 논리의 도구를 배우고 사용할 때는 이런 점을 늘 염두에 두어야 한다.

2부에서는 창의적인 사고방식을 소개한다. 이것은 비선형적이며 틀을 벗어난 방식이다. 특히 문제를 재구성해서 생각하는 방식은 아주 유용하다.

문제를 해결할 때 '지금 문제라고 생각하는 게 정말로 문제인가?' 하고 묻는 것을 잊지 말자. 문제를 제대로 파악하기 위해서 창의력을 활용할 수 있다면 해결 능력은 한층 높아질 것이다.

3부에서는 다양한 추론의 도구를 소개한다. 도구를 사용할 때 좋은 점은, 의사결정 과정을 구조적으로 표현하거나 양으로 표시할 수 있다는 것이다. 기본적인 도구인 '상자'와 '트리'는 효율적이고 체계적으로 문제에 접근하도록 도와준다. 가중서열화법과 효용분석 등의 다른 도구들은 채용 결정이나 직장 선택 등 금전적인 요소가 포함되어 있는 문제를 수량으로 표시할 수 있게 돕는다.

4부에서는 전제, 논거, 결론이라는 고전적인 구조에 따라 논증을 분석하는 방식을 설명한다. 논증을 이해하고, 공격하고, 방어하는 능력은 기본적인 추론 기술 중 하나다.

5부에서는 가장 전문적인 부분을 다루고 있다. 이 파트를 읽고 나면 논리에 허점이 있는 일상적인 대화 유형을 이해하게 될 것이다.

자, 이제 논리의 세계로 출발해보자.

| 차례 | ┈┈┈┈┈┈┈┈┈┈┈┈┈┈┈┈┈┈┈┈┈┈┈┈┈┈┈┈┈┈┈┈┈┈┈┈┈

Part 1

인식과
생각 사이

모든 생각은
주관적이다

사람은 자신의 기억력에 대해서는 불평하지만

자신의 판단력에 대해서는 불평하지 않는다.

— 라 로슈푸코La Rochefoucauld —

인간은
보고 싶은 것만 본다

"세상을 있는 그대로 보지 않고 자신이 원하는 대로 보는 태도를 선택적 인식(selective perception)이라고 한다. 사람들은 누구나 조금씩 그런 태도를 지니고 있다. 그러니 상황을 정확하게 인식하고 싶다면 일단 판단을 미루고 고정관념이나 편견, 예외적인 경험이나 선입관에 휘둘리지 않도록 조심해야 한다."

30년 만에 시력을 되찾은 사람이 있다고 가정해보자. 이제 그는 어떤 일을 겪게 될까. 심리학자 칼 뮤엔징거Karl. F. Muenzinger는 그런 놀라운 일을 겪은 사람의 상황을 이렇게 묘사했다.

다시 앞을 보게 되자 온갖 사물이 눈앞으로 달려드는 것 같았다. 일반적인 사람이라면 자세히 들여다볼 것과 무시해야 할 것을 경험으로 알고 있겠지만 나는 그렇지 않았다. 덜 중요하거나 혼란을 일으키는 사물을 머릿속에서 쉽게 지워버리는 대신, 나는 모든 사물을 한꺼번에 보려고 애썼다. 결과적으로 나는 아무것도 보지 못한 셈이 되었다.

흥미롭지만 극단적인 이 사례는 우리가 생각할 때 겪게 되는 상황과는 정반대다. 주도적으로 생각하는 사람은 여러 가지를 함께 고려하고, 다른 관점을 받아들이고, 정보를 보충하려고 애쓴다. 너무 많이 보고 있다고 걱정하는 대신 너무 적게 보고 있다고 고민한다. 즉 비판적으로 생각하는 법을 익히면, 문제의 양면을 다 같이 볼 수 있게 된다.

사람마다 세상을 다르게 보는 이유는 나이, 성별, 문화, 교육수준, 경력, 인생경험이 각각 다르기 때문일 것이다. 그 중에서 긍정적인 관점과 부정적인 관점은 세상을 바라보는 가장 일반적인 태도이다. 컵에 물이 반이나 차 있는가, 반 밖에 차지 않았는가? 인간은 영원한 비관론자인가, 구제불능의 낙관론자인가?

카우보이 리머스 리드Remus Reid의 인생을 보여주는 다음의 내용을 살펴보자. 전하는 말에 따르면 리드의 죽음을 두고서 두 개의 신문기사가 전혀 다른 해석을 보였다고 한다. 하나는 보안관의 말을, 다른 하나는 리머스의 고향에 사는 가까운 친척의 말을 기사의 핵심 내용으로 실었다.

보안관은 이렇게 말했다. "리머스 리드는 말을 훔친 죄로 1885년에 체포되었습니다. 그러나 2년 후인 1887년에 탈옥했고 그 후에 지역 열차를 대상으로 여섯 차례나 절도행각을 벌였습니다. 결국 현지 보안관들에게 붙잡혀서 유죄 판결을 받았고 1889년 교수형을 당했습니다."

리머스의 친척은 이렇게 말했다. "리머스 리드는 유명한 카우보이였습니다. 값비싼 말들을 여러 마리 인수했고 지역의 철도회사와 밀접한 관계를 맺으면서 사업을 키워나갔습니다. 철도 관련 일을 다시 시작하게 되기까지 1885년부터 몇 년간 정부를 위해 봉사했습니다. 1887년에는 중대한 수사에서 핵심적인 역할을 담당했습니다. 1889년 그의 공적을 기념하는 공식 행사 도중 그가 서 있던 연단이 무너지는 사고로 목숨을 잃었습니다."

우리는 사건을 주관적으로 해석하는 경향이 있다. 어떤 상황을 바라고 있다면, 그 기대를 뒷받침하는 증거들을 선택하고 모으고 정리한다. 내가 어떤 관점을 선택했느냐에 따라서 내 눈에 띄는 증거들도 달라진다. 수많은 증거들 중에서 나의 목적이나 관심, 기대, 지난 경험, 현재 상황과 관련 있는 정보를 선택적으로 인식하게 된다. '손에 망치를 들고 있으면 모든 게 못처럼 보인다'는 말처럼, 망치를 사용하고 싶은 마음이 있다면 세상이 못으로 가득 찬 것처럼 보이는 건 당연할 것이다.

우연이 반복되면
필연일까?

다음의 글을 보자.

▶ 에이브러햄 링컨은 1846년에 하원의원이 되었다.

   존 F. 케네디는 1946년에 하원의원이 되었다.

▶ 링컨은 1860년에 대통령이 되었다.

   케네디는 1960년에 대통령이 되었다.

▶ 링컨Lincoln과 케네디Kennedy의 이름 모두 일곱 개의 알파벳으로 되

   어 있다.

▶ 링컨과 케네디 두 사람 다 시민권에 관심을 보였다.

▶ 링컨과 케네디의 부인들은 백악관에서 지내는 동안 자식을 잃었다.

▶ 링컨과 케네디는 모두 금요일에 저격을 당했다. 두 사람 다 머리에 총
상을 입었다.

▶ 링컨을 보필하던 비서의 성은 케네디였다.
케네디를 보필하던 비서의 성은 링컨이었다.

▶ 링컨과 케네디를 저격한 암살자들은 모두 남부 출신이었다.
그리고 두 사람의 뒤를 이은 후임 대통령 역시 모두 남부 출신이었다.
후임자들의 성은 모두 존슨이었다.

▶ 링컨의 뒤를 이은 앤드류 존슨은 1808년에 태어났다.
케네디의 뒤를 이은 린든 존슨은 1908년에 태어났다.

▶ 링컨을 암살한 존 윌크스 부스는 1839년에 태어났다.
케네디를 암살한 리 하비 오즈월드는 1939년에 태어났다.

▶ 두 암살자 모두 이름과 성 사이에 중간 이름이 있었다.
　두 암살자의 이름은 모두 열다섯 자의 알파벳으로 되어 있다.

▶ 부스는 극장에서 도망쳤다가 창고에서 붙잡혔다.
　오즈월드는 창고에서 도망쳤다가 극장에서 붙잡혔다.

▶ 부스와 오즈월드는 재판을 받기 전 암살당했다.

▶ 링컨은 암살되기 일주일 전 메릴랜드 주의 먼로에 있었다.
　케네디는 암살되기 일 년 전 마릴린 먼로와 함께 있었다.

　링컨과 케네디를 비교한 앞의 글은 매우 흥미롭다. 하지만 두 사람에게는 비슷한 점만큼이나 다른 점도 많다는 것을 잊어서는 안 된다. 우리는 편집된 내용의 진실성을 과대평가하지 않도록 언제나 주의해야 한다. 생각에 관한, 한 유명한 실험을 이 주제에 맞게 변형해보면 다음처럼 말할 수 있을 것이다. '침팬지 10억 마리를 10억 대의 컴퓨터 앞에 한 마리씩 앉힌 다음 10억 시간을 준다면, 마침내 그 중 한 마리는 톨스토이의 『전쟁과 평화』를 쓸 수 있게 될 것이다.' 침팬지 한 마리 정도는 우연히 소설책과 똑같은 글자를 배열해서 입력할 수도 있다는 뜻이다. 소설과 똑같은 단어를 동일한 순서와 간격에 따라 입력하고 올바르게 마침표를 찍고…… 즉 우연의 마법을 통하면 거의 모든 일이 가능해진다.

다음은 영연방국가에서 유행하는 짧은 유머다.

1981년에,

찰스 왕자가 결혼했다.

리버풀이 유럽 챔피언스리그에서 우승했다.

호주 크리켓 팀은 애쉬 시리즈에서 패배했다.

교황이 서거할 뻔했다(교황 요한 바오로 2세에 대한 암살시도가 있었다).

2005년에,

찰스 왕자가 두 번째로 결혼했다.

리버풀이 유럽 챔피언스리그에서 우승했다.

호주 크리켓 팀은 애쉬 시리즈에서 패패했다.

교황이 서거했다(이때 실제로 교황 요한 바오로 2세가 서거했다).

이 유머의 교훈은 뭘까? 찰스 왕자가 세 번째 결혼을 계획하고 있다면, 부디 새로운 교황에게 그 소식을 알려줘야 한다는 것? 이렇듯 우연의 마법을 통하면 어떤 일이라도 손쉽게 진실의 탈을 쓸 수 있다.

선택적 인식과 우연의 마법이 겹치면 후광효과(halo effect)가 나타난다. 후광효과는 한 가지 사건이나 특성, 특징만 보고 사람이나 장소, 사물을 좋게 보는 경향을 말한다. 만약 회사를 찾아 온 구직자가 뜻밖에도 세련되고 멋진 옷차림을 하고 있다면 업무능력과 관계없이 호의적인 평가를 내리게 될 수도 있다. 후광효과는 우연에 의해서도 일어난다. 회사에 면접을 보러 온 지원자가 우연히 같은 고향 사람이라거나 같은 사람을 알고 있는 경우에도 면접자는 자신도 모르게 지원자를 호의적으로 평가하게 될 수도 있다.

대표적인
네 가지 사고방식

우리는 일찍부터 사람마다 다르게 세상을 본다는 사실을 깨닫는다. 관점은 각자의 경험, 배경, 성향에 영향을 받는다. 이제 다음 질문에 대해 생각해보자.

다음의 다섯 가지 스포츠 중 나머지 넷과 공통점이 가장 적은 스포츠는 무엇일까?

A) 야구   B) 크리켓   C) 축구   D) 골프   E) 아이스하키

이런 질문은 IQ 테스트에는 절대 들어가지 않지만 개인의 선택에 관한 흥미로운 사실을 보여준다. 물론 정해진 답은 없다.

대부분의 사람들은 골프를 선택한다. 골프는 개인 경기지만 나머지는 단체 경기이기 때문이다. 또한 골프는 나머지 경기와는 다르게 낮은 점수가 높은 점수를 이기는 방식으로 진행되기 때문이다. 골프는 다른 네 가지 스포츠에 비해 정신적인 면을 강조하고, 상대적으로 느린 운동이기도 하다.

골프 다음으로 선택할 가능성이 높은 스포츠는 아이스하키다. 아이스하키는 겨울 스포츠인 반면 나머지 스포츠는 그렇지 않다. 아이스하키 선수는 스케이트를 신지만 다른 운동 선수들은 운동화를 신는다. 아이스하키는 퍽을 가지고 겨루지만, 나머지 스포츠는 공을 가지고 겨룬다.

축구를 정답으로 생각하는 사람들도 많을 것이다. 축구를 제외한 다른 스포츠는 막대 같은 도구를 사용하기 때문이다. 골프는 클럽, 아이언, 퍼터를 사용한다. 아이스하키는 아이스하키 스틱이 있어야 하고, 야구와 크리켓은 배트를 사용한다.

야구를 선택한 사람은 야구만의 세계선수권대회가 없다는 사실을 지적한다. 미국 메이저리그 '월드시리즈'는 지극히 미국적인 경기니까. 크리켓을 선택한 사람은 주로 영연방국가에서만 즐겨하는 운동이라고 설명할 것이다.

모든 대답이 맞기도 하고 틀리기도 하다. 간단히 말해 이 다섯 가지 스포츠를 구분하는 데는 최소한 네 가지 방식이 존재한다. 첫째, 경기에 참여하는 선수 수에 초점을 맞출 수 있다. 둘째, 경기 속도를 기준으로 걷는 경기와 뛰는 경기로 구분할 수 있다. 셋째, 경기에 사용하는 도구를 기준으로 나눌 수 있다. 넷째, 경기를 하는 시기에 따라 나누거나 경기를 하는 곳이 특정 국가인지 지역인지에 따라 나눌 수도 있다.

이러한 분류는 사람들의 사고방식 성향에 따라 달라진다. 세상을 보는 방식과 관련된 타고난 성향을 사고방식이라고 부르는데, 아무리 객관적인 의견이라고 해도 이것의 영향력에서 완전히 자유로울 수는 없다.

사고방식을 구분하는 많은 이론 중에서도 가장 대표적인 분류 방식은 다음과 같다. 분석적 사고방식, 통합적 사고방식, 결과 지향적 사고방식, 과정 지향적 사고방식. 분석적인 성향의 사람이라면 앞의 질문을 읽고서 경기에 사용하는 도구에 초점을 맞출 확률이 높다. 통합적인 성향의 사람은 아마도 경기를 하는 시기와 장소를 기준으로 각각의 스포츠를 구분할 것이다. 결과 지향적인 사람은 경기의 결과에 집중할 확률이 높기 때문에 점수 산정방식이 다른 골프를 답으로 고를 것이다. 과정 지향적인 사람은 경기에 참여하는 선수의 특징을 살펴볼 확률이 높다.

> "사고방식에 따라 사람들을 분석주의자, 이상주의자, 현실주의자, 통합주의자라는 네 가지 유형으로 나눌 수 있다. 그리고 이 분류는 다시 현실성과 감정 정도에 따라 더 세밀하게 나눌 수 있다."

사고방식이 얼마나 중요한 개념인지 이해하고 싶다면 일단 영화제작

현장을 떠올려보자. 한 명의 사람이 감독과 배우와 제작자 역할을 동시에 하는 일이 어려운 이유는 무엇일까. 시간제약이라는 객관적인 요소를 제외한다면 각 역할에 필요한 자질과 성격이 다르기 때문일 것이다. 배우는 생기가 있어야 하고 능동적이어야 한다. 감독은 창의적이면서 계획적이어야 하고 제작자는 상업적인 감각과 행정에 대한 지식, 설득력을 갖추고 있어야 한다. 영화 한 편을 만들기 위해서는 고유한 장단점을 지닌 이 모든 사람들이 필요하다.

그렇다면 현실주의자, 이상주의자, 분석주의자, 통합주의자는 어떤 특징을 지니고 있을까. 다음 내용을 살펴보자.

> 현실주의자: 주어진 일을 끝마치는 데 목적을 두는 사람(결과 지향적)
> 이상주의자: 올바른 답을 찾는 데 목적을 두는 사람(과정 지향적)
> 분석주의자: 철저한 평가를 하는 데 목적을 두는 사람(분석 지향적)
> 통합주의자: 종합적인 관점을 가지는 데 목적을 두는 사람(통합 지향적)

다음에 나오는 [표 1.1]은 이 네 가지 사고방식을 현실성과 감정을 기준으로 더 세밀하게 나누어놓은 것이다. 현실주의자와 분석주의자는 이상주의사나 통합주의자에 비해 더 현실저으로 보인다(상당히 경험에 근거한 판단이기는 하다). 현실주의자와 이상주의자는 분석주의자나 통합주의자에 비해 더 감정적으로 보인다. 현실주의자와 이상주의자는 목표를 향해 나아갈 때 사람들과 더 자주 소통한다. 현실주의자는 자신이 어디로 가고 있으며 어느 시점에서 사람들의 도움을 받아야 하는지 알고 있는 반면, 이상주의자는 적절한 행동 방향을 결정할 때 주변의 지지를 얻으려고 한다. 분석주의자와 통합주의자는 감정적인 사람보다는 지적인 사람을 좋아한다. 분석주의자는 세부적인 내용에 신경을 쓰고, 통합주의자는 주어진 정보를 통해 주제를 찾아내려고 한다. 두 유형 모두 감정적 애착 정도는 낮다.

■ 표 1.1 대표적인 네 가지 사고방식

감정적 애착		현실성	
		높다	낮다
	높다	현실주의자	이상주의자
	낮다	분석주의자	통합주의자

■ 표 1.2 직업별 인식

	강점이라고 생각되는 면	약점이라고 생각되는 면
회계사	• 전문적이며 계산 능력이 뛰어나다. • 현실을 잘 파악한다. • 부지런하다.	• 정적이고 리더 타입이 아니다. • 다양한 업계를 상대하지만 큰 그림을 보는 관점이 부족하다.
관리자/ 인사 책임자	• 체계적이며 꼼꼼하다. • 사람들을 잘 관리하고 협력에 능하다.	• 사업을 구축하는 방식을 모른다. • 규정과 절차에 집착한다.
예술가	• 사고방식이 유연하고 창의적이다. • 관점이 독특하다.	• 계산 능력이 좋지 않다. • 사람을 관리하는 방법을 모른다.
컴퓨터/ 인터넷/ 기술 전문가	• 계산 능력이 뛰어나다. • 기술을 이해하고 실질적인 방식으로 이용한다.	• 대인관계 능력이 떨어진다. • 큰 그림을 보는 관점이 부족하다.
컨설턴트	• 틀에서 벗어나서 생각할 줄 알고 사업 감각이 뛰어나다. • 논리정연하고 민첩하다.	• 세부적인 내용에 신경 쓰지 않는다. • 지나치게 이론적이고 본질보다는 형식에 초점을 맞춘다.
엔지니어	• 꼼꼼하고 근면하다. • 계산 능력과 기술적인 능력이 뛰어나다.	• 숲을 보지 못하고 나무를 본다. • 의사소통 능력이 떨어진다.
사업가	• 활동적이고 에너지가 넘친다. • 실무에 강하고 행동으로 보여준다.	• 정신없고 산만하며 쉽게 싫증을 내고 참을성이 떨어진다. • 이론을 싫어한다.

투자은행가	• 통찰력이 있고 임기응변에 강하며 핵심을 파악한다. 네트워크 형성 능력이 뛰어나다. • 숫자에 능하다.	• 냉담하고 무신경하며 거만하다. • 목적을 위해 수단을 희생한다.
변호사	• 똑똑하고 의사소통을 잘한다. • 전문적이고 조직하는 능력이 뛰어나다.	• 혼자서 일하고 자기만의 방식에 갇혀 있다. • 계산 능력이 떨어진다.
마케팅 담당자/ 세일즈맨	• 개성이 강하고 자신감이 있다. • 소비자를 이해한다.	• 숫자 감각이 떨어진다. • 이론이나 책에서 배운 가치를 인정하지 않는다.
군인	• 규칙을 지키고 절제력이 있다. • 협력을 잘한다.	• 상업적 감각이 부족하다. • 질서 유지에 지나치게 몰두하고 비전이 부족하다.
과학자	• 지능이 높고 관점이 독특하다. • 계산 능력이 뛰어나다.	• 비즈니스 감각이 떨어지고 내성적이다. • 배짱이 부족하고 간단한 기술을 개발하는 것에는 흥미가 없다.

Part 2

창조적으로
생각한다는 것

창의성은
논리의 땅에서
자란다

아이들의 창의성과 관련해서 우리가 할 수 있는 일은,

그들이 각자의 산을 가능한 한 높이 올라가도록 도와주는 것뿐이다.

누구도 그 이상은 할 수 없다.

— 로리스 말라구치 Loris Malaguzzi —

훑어보기

    '생각'은 간단하게 두 가지 유형으로 나눌 수 있다. 분석적 사고와 창의적 사고로. 분석적 사고는 3~5부에 걸쳐 집중적으로 살펴볼 예정이므로 여기에서는 창의적인 사고를 이용해서 문제를 분석하고 해결하는 방법을 먼저 살펴보기로 한다.

    우선 창의적인 사고의 한 종류인 수평적 사고부터 알아보고, 이어서 수렴적인 사고와 확산적인 사고의 특징과 차이점, 각각의 장단점을 함께 알아볼 것이다. 물론 이 부의 가장 중요한 목표는 사고의 폭을 확대하고 통합적인 사고 능력을 키우는 것이다.

    또한 새로운 아이디어는 창의력에 꼭 필요한 요소이기 때문에 아이디어를 만들어내는 방식을 살펴보면서 아이디어를 북돋아주는 유형과 아이디어를 죽이는 유형, 브레인스토밍에 대해서도 함께 알아볼 것이다. 문제를 해결할 때 필요한 기술도 살펴볼 예정이다. 지금 고민하고 있는 문제가 진짜 문제인지 알기 위해 문제를 재구성하는 기술은 문제를 해결하는 데 있어서 가장 중요한 기술이다.

마지막으로 조직 내에서 창의적인 아이디어를 통과시키는 방법을 알아볼 것이다. 조직 내에는 아이디어의 성공과 실패에 영향을 미칠 수 있는 사람들이 아주 많기 때문이다.

생각으로 기회를 만든다
: 수평적 사고

"창의적으로 생각하는 것은 '뒷문으로 돌아서 들어가는' 것과 비슷하다."

종종 창의적 사고는 수평적 사고(lateral thinking)와 같은 의미로 사용된다. 이 용어는, 영국의 심리학자 에드워드 드 보노Edward De Bono가 『수평적 사고』라는 책을 내면서 널리 알려졌다. 수직적 사고와 수평적 사고의 차이점을 비교하면 다음과 같다.

전통적인 수직적 사고	창의적인 수평적 사고
수직적 사고는 똑바로 나아가는 것이다.	수평적 사고는 옆길로 돌아가는 것이다.
수직적 사고는 앞문으로 들어가는 것이다.	수평적 사고는 뒷문으로 들어가는 것이다.

수직적 사고는 논리적이다.	수평적 사고는 자발적이다.
수직적 사고는 개연성이 높다.	수평적 사고는 개연성이 낮다.
수직적 사고는 주로 좌뇌에서 일어난다.	수평적 사고는 주로 우뇌에서 일어난다.
수직적 사고는 '틀 안에서' 생각하는 방식이다.	수평적 사고는 '틀 밖에서' 생각하는 방식이다.
수직적 사고는 정해진 흐름을 따라가는 강물이다.	수평적 사고는 흘러넘쳐 새로운 방향으로 나아가는 강물이다.

창의적인 사고의 개념은 이야기로 설명하는 게 제격이다. 다음 이야기를 읽어보자. 창의적 사고의 본질이 무엇인지 쉽게 이해할 수 있을 것이다.

처지가 딱한 한 상인이 부유한 고리대금업자에게서 돈을 빌렸다. 그러나 빌린 돈을 갚을 수 없게 되자 상인은 고리대금업자가 자신을 감옥에 집어 넣을까봐 매일 걱정했다.

늙고 못생기고 성질도 고약한 고리대금업자는 상인의 딸이 예쁘다는 것을 금방 알아챘다. 그는 상인에게 빚을 탕감 받을 수 있는 획기적인 방법이 있다고, 자신이 흰 색과 검은 색 돌 두 개를 속이 빈 주머니에 넣을 테니 상인의 딸이 그 중 하나를 선택하라고 말했다. 그녀가 흰 돌을 고르면 상인은 빚을 탕감 받고 그녀도 아버지와 함께 집으로 돌아갈 수 있지만, 만약 검은 돌을 고른다면 상인의 빚을 탕감해주는 대가로 그녀가 자신과 결혼해야 한다는 것이었다. 만약 그녀가 그 제안을 거절하면 상인은 그 즉시 감옥으로 끌려가게 될 게 뻔했다. 자신들이 처한 상황 때문에 겁에 질린 상인과 딸은 빚을 탕감해주겠다는 고리대금업자의 제안을 거절할 수가 없었다.

곧이어 피할 수 없는 순간이 다가왔다. 세 사람은 고리대금업자의 대저택에 딸린 정원 산책로에 서 있었다. 고리대금업자는 직접 작은 돌 두 개를 주웠다. 상인의 딸은 고리대금업자가 검은 돌만 두 개 집어 들었다는 사실을 알아챘다. 고리대금업자는 지체 없이 검은 돌 두 개를 주머니에 넣었다.

만약 당신이 상인의 딸이라면 어떻게 이 상황을 벗어날 것인가? 혹은 상인의 딸에게 조언을 한다면 어떤 말을 해주고 싶은가? 어쩌면 당신은 꼼꼼하고 논리적인 분석을 통해 문제를 해결할 수 있다고 믿을지도 모른다. 만약 해결책이 있다면 말이다. 하지만 그런 전통적인 사고방식으로는 상인의 딸을 도울 수 없다. 전통적인 사고방식으로 생각해보면 가능성은 두 가지밖에 없기 때문이다.

1. 상인의 딸은 아버지를 위해서 검은 돌을 집어 들어 자신을 희생한다.
2. 상인의 딸은 돌을 선택하는 대신 주머니에 검은 돌 두 개가 들어 있다는 사

실을 보여주고 고리대금업자가 사기꾼이라는 점을 밝힌 뒤 공정한 조건에서 다시 돌을 선택할 수 있게 해달라고 요구한다.

전통적으로 생각하는 사람은, 돌을 선택해야 한다는 정해진 사실과 게임의 규칙에만 집중한다. 그러나 창의적으로 생각하는 사람은 게임의 초점이나 규칙 자체를 바꾸려고 한다. 전통적으로 생각하는 사람은 합리적인 관점에서 상황을 이해하고, 논리적이고 세심하게 문제를 해결하려고 한다. 하지만 창의적으로 생각하는 사람은 현재 상황에서 가장 확실하게 보이는 방법을 받아들이기보다는 상황 자체를 다양하게 바라보려고 한다.

이야기는 이렇게 끝이 난다.

"어여쁜 아가씨, 어서 고르시오." 고리대금업자가 말했다. 상인의 딸은 주머니에 손을 넣어 돌 하나를 꺼낸 뒤 일부러 바닥에 떨어뜨렸다. 돌은 금세 산책로의 다른 돌들과 뒤섞였다. "어머, 실수를 했네요." 고리대금업자를 바라보며 상인의 딸이 말했다. "그렇지만 상관없겠네요. 주머니에 남아 있는 돌을 꺼내보면 제가 집었던 돌이 무슨 색이었는지 알 수 있을 테니까요."

고리대금업자는 당황했지만 자신의 속임수를 인정하고 싶지 않아서 상인의 딸에게 주머니를 내밀었다. 상인의 딸은 남은 돌을 꺼냈다. 검은색

이었다. "어머, 제가 아까 떨어뜨렸던 돌은 흰색이었군요!" 상인의 딸은
기쁜 목소리로 외쳤다.

　상인의 딸은 창의적으로 생각했기 때문에 불리한 상황을 자신에게 유리
한 쪽으로 바꿀 수 있었다. 고리대금업자가 처음부터 정직하게 흰색과 검은
색 돌을 넣었다 해도 상인의 딸에게 이보다 더 유리할 수는 없다. 그 경우에
는 위기를 모면할 수 있는 기회가 50퍼센트밖에 안 되기 때문이다. 창의적
인 사고를 통하면, 다음과 같은 두 가지 상황을 이끌어낼 수 있다.

> 1. 돌을 선택하기 전에 흰 돌과 검은 돌의 조건을 바꿔달라고 요청한다. 그럴
>   경우 흰 돌이 아닌 검은 돌을 고르면 빚을 탕감 받고 자신도 자유가 된다.
> 2. 돌을 고른 뒤 실수인 듯 바닥에 떨어뜨려 자신이 선택한 돌의 색을 숨기고
>   그 대신 주머니에 남아 있는 돌의 색을 확인해달라고 요청한다. 상인의 딸
>   은 이 방법을 선택했다.

　창의적인 사고력을 발휘할 때 가장 방해가 되는 것은 무엇일까? 바로 틀
에 박힌 반응이다. 일상생활을 할 때는 틀에 박힌 반응이 유용하다. 상점에
가거나 운전을 하거나 인사를 하는 등 반복된 일상의 일들을 할 때는 깊게
생각할 필요 없이 익숙한 반응을 보이는 게 필요하다. 그러나 전혀 새로운
상황을 맞닥뜨렸다면 틀 밖에서 생각할 수 있어야 한다.

답은 _275~278_ 쪽에 있다.

문제 1. 선 긋기

선 하나를 긋거나 하나의 문자를 더해서 아래 식의 의미가 통하도록 만들어보자.

$$IX = 6$$

문제 2. 대걸레

다음 문장에 단어 하나를 더해서 의미가 통하도록 바꿔보자.

'샐리가 대걸레로 바닥을 닦아서 바닥이 더러워졌다.'

문제 3. 패턴 찾기

아래의 알파벳 배열을 보고 'E F G H I' 이 다섯 개의 알파벳을 선 위나 아래에 알맞게 넣어보자.

$$\frac{A}{B \; C \; D}$$

문제 4. 점 잇기

종이에서 펜을 떼지 않고 아래 아홉 개의 모든 점을 지나가는 직선을 그려
보자.

●　　●　　●

●　　●　　●

●　　●　　●

문제 5. 두 개의 물통

서커스 단장이 어릿광대에게 근처 강에서 물을 떠오라고 시켰다. 단장은 농
축된 특수 건강 보조액을 물에 섞어서 코끼리들에게 줄 생각이었고 정확히
7리터의 물이 필요했다. 단장은 광대에게 5리터와 3리터짜리 물통을 하나
씩 주고 정확히 7리터의 물을 길어 오라고 말했다. 광대는 어떻게 하면 이
물통 두 개를 사용해서 정확하게 7리터의 물을 길어올 수 있을까?

5리터 물통　　　　　3리터 물통

양쪽 뇌 사용하기!

"수렴적 사고(convergent thinking)는 기존의 생각에 초점을 맞추는 반면 확산적 사고(divergent thinking)는 기존의 생각을 확대한다."

우리는 문제를 분석할 때 다음 두 가지 사고방식 중 한 가지를 선택해 사용하게 된다. 바로 수렴적 사고와 확산적 사고이다.

수렴은 함께 모여서 하나의 점을 향해 움직인다는 뜻이다. 문제의 한 가지 면에 집중해서 생각하는 것을 수렴적 사고방식이라고 하는데, 이때에는 좁은 관점을 유지할 수밖에 없다. 확산적 사고방식은 증거를 더 철저히 검토하거나 새로운 증거를 수집하거나 다른 해결책을 생각하는 등 더 넓은 관점에서 문제를 보는 것을 말한다.

확산적 사고가 생각의 지평을 열어 새로운 아이디어나 의견을 이끌어 낸다면, 수렴적 사고는 더 좁은 관점에서 문제를 바라보면서 불필요한 생각을 차단하고 하나의 해결책을 이끌어낸다. 두 사고방식을 카메라 렌즈에 비교해보자. 피사체가 렌즈 안에 가득 찰 때까지 초점을 줄이는 것은 수렴이고 렌즈 안에 피사체와 그 주변까지 다 들어오도록 초점을 확대하는 것은 확산이다. 현미경(수렴)과 망원경(확산)에 비유하면 두 사고방식의 차이는 더욱 뚜렷해진다.

문제를 효과적으로 해결하려면 확산적 사고와 수렴적 사고가 모두 필요하다. 확산적 사고과정이 창의적인 대안을 이끌어낸다면, 수렴적 사고과정은 근거가 부족한 대안은 걸러내고 현실적인 대안에 집중할 수 있게 해준다. 확산적 사고과정이 없다면 문제를 창의적으로나 객관적으로 바라볼 수 없다. 수렴적 사고과정이 없다면 분석만 계속할 뿐 결론을 이끌어내지는 못한다. 따라서 효과적인 문제 해결을 위해서는 확산적 사고와 수렴적 사고를 자유롭게 오가면서 각각의 방식을 가장 효과적으로 사용할 수 있도록 훈련하는 게 필요하다.

그러나 불행하게도 이렇게 완전히 다른 두 가지 사고법을 번갈아 사용하는 것은 매우 어렵다. 게다가 사람들은 습관적으로 확산적 사고를 싫어하고 가끔은 그것을 격렬하게 거부하기도 한다. 수렴적 사고가 본능에 가까운 방식이라면 확산적 사고는 덜 자연스러운 방식이기 때문이다.

좌뇌 사고와 우뇌 사고를 비교해보면 확산적 사고와 수렴적 사고를 좀 더 쉽게 이해할 수 있을 것이다. 다음은 좌뇌 사고와 우뇌 사고에 대한 설명이다.

1981년 심리학자 로저 스페리Roger Sperry는 좌우뇌 분할이론을 입증해서 노벨상을 받았다. 인간의 두뇌는 좌뇌와 우뇌로 이루어져 있으며 각각의 기능이 나르나는 사실이 그의 연구를 통해 밝혀졌다. 좌뇌와 우뇌는 각각의 독특한 사고 과정을 전문적으로 처리한다. 일반적인 의미에서, 좌뇌는 분석적인 사고를 담당하고 우뇌는 창의적인 사고를 담당한다. 오른손잡이의 95%는 좌뇌에서 분석적인 사고를 담당하고, 우뇌에서 창의적인 사고를 담당한다. 그러나 왼손잡이의 경우에는 좌뇌와 우뇌의 역할이 이와는 반대다.

다음의 내용은 『탄탄한 문장력』에서 발췌한 것이다.

좌뇌는 분석적, 선형적, 언어적, 이성적 사고를 담당한다. 그래서 좌뇌를 활용해서 하는 생각을 특정 사안에 주목하는 '집중 조명' 사고라고 한다. 사람들은 수입과 지출을 꼼꼼하게 정리할 때, 이름이나 날짜를 기억하고 목표와 목적을 세울 때 좌뇌에 의존한다.

우뇌는 포괄적이고 창의적이며 비언어적이고 예술적인 부분을 담당한다. 우뇌를 활용해서 하는 생각은 여러 사안에 두루 관심을 기울이는 '탐조등' 사고라고 한다. 누군가의 얼굴을 떠올리거나 교향곡에 심취해 있을 때 혹은 단순한 몽상에 잠겨 있을 때는 언제나 우뇌가 작동한다.

대부분의 서양 사상이 선형적 논리 체계를 가진 그리스 논리학에서 비롯되었기 때문에 서양 교육 제도에서는 좌뇌형 사고를 가장 높이 평가한다. 많은 사람들에게 유감스러운 일이지만 우뇌형 사고는 학교에서 별로 인정받지 못한다.

좌뇌와 우뇌가 담당하는 중요한 기능은 다음과 같다.

좌뇌	우뇌
분석	예술
분류	감정
언어	이미지
논리	상상력
기억	직감
숫자	음악
인과관계 파악	리듬감/물리적 조화
순서 배열	종합하기
글쓰기	연출하기
수렴적 사고과정	확산적 사고과정

좌뇌 사고와 우뇌 사고의 특징을 간단하게 정리하면 다음과 같다.

좌뇌 사고	우뇌 사고
좌뇌 사고는 특정 지역만 비추는 '각광 조명'이다.	우뇌 사고는 넓은 지역을 비추는 '투광 조명'이다.
좌뇌의 기능은 연속적이며 순차적이다.	우뇌의 기능은 전체적이며 분산적이다.
좌뇌는 부분들을 결합해서 하나의 체계로 정리한다.	우뇌는 본능적으로 전체를 파악하고 난 후에 부분들을 본다.
좌뇌는 분석적, 과학적, 논리적, 수학적, 언어적 학습을 지배한다.	우뇌는 예술적, 음악적, 혁신적, 기업가적, 정치적, 연극적, 시각적 성향을 지배한다.

좌뇌나 우뇌 한쪽만을 훈련시키는 방법은 없을지도 모른다. 하지만 아래의 질문에 대한 답을 고민해본다면 우뇌의 능력을 지금보다 조금 더 높일 수 있을 것이다. 아래의 질문에 대한 답변을 여섯 개 이상씩 생각해보자. 많이 생각해낼수록 더 좋다.

좋은 아이디어와 빙산의 비슷한 점은 무엇인가?

가능한 답변은 다음과 같다.

★ 좋은 아이디어는 신선하다.

★ 좋은 아이디어는 눈에 띈다.

★ 좋은 아이디어는 냉담한 반응을 얻을 수도 있다.

★ 좋은 아이디어는 쉽게 사라진다.

★ 좋은 아이디어는 잡지 않으면 흘러가버린다.

★ 좋은 아이디어는 자연스럽다.

★ 좋은 아이디어는 주변 환경에 커다란 영향을 미친다.

★ 좋은 아이디어는 무리지어 나타난다.

★ 좋은 아이디어를 찾으려면 오랫동안 노력해야 한다.

★ 좋은 아이디어는 조건이 맞아야 만들어지고, 그런 후에는 더 많은 아이디
어들이 떠오르게 마련이다.

★ 좋은 아이디어를 무시하면 실패할 수도 있다.

★ 좋은 아이디어는 일부만 겉으로 드러날 뿐 그 안에는 훨씬 많은 것이 포
함돼 있다.

★ 좋은 아이디어로 얻을 수 있는 혜택이 열 가지라면, 그 중 한 가지는 확실
히 눈에 띄지만 다른 아홉 가지는 겉으로 드러나지 않는다.

★ 잘못된 방향으로 생각하면 절대로 좋은 아이디어를 찾을 수 없다.

★ 좋은 아이디어에는 심오한 의미가 담겨져 있지만 누구나 그것을 이해할
수 있는 것은 아니다.

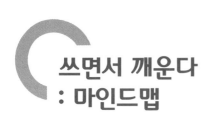

쓰면서 깨운다
: 마인드맵

생각지도 혹은 개념지도라고도 부르는 마인드맵mind map은 생각의 과정을 순차적이고 시각적으로 적어보는 필기 기술이다. 단순히 생각을 나열하는 전통적인 필기 기술에서 한 단계 더 나아간 방식이다. 마인드맵으로 가장 널리 알려진 사람은 토니 부잔Tony Buzan인데, 그는 이 기술에 마인드맵이라는 적절한 명칭을 붙였다.

마인드맵의 원리는 좌뇌와 우뇌가 서로 다른 역할을 맡고 있다는 이론에 바탕을 두고 있다. 단순 필기는 두뇌의 한 쪽만 자극한다. 하지만 마인드맵은 두뇌의 양쪽을 함께 자극해서 기억력과 이해력을 높여준다. 마인드맵을 사용할 때는 종이 한가운데에 주제를 적어놓고 그 주제로부터 사방으로 가지를 치듯이 생각을 적어나간다. 이렇게 하면 생각을 훨씬 자유롭게 표현할 수 있을 뿐 아니라 시각적이고 직관적으로 큰 그림을 파악할 수 있기 때문에 문제 해결력을 높일 수 있다. 이 기술은 모든 사람에게 유용하지만, 특히 도형이나 그림, 도표와 같은 시각적 자료에 민감한 사람에게 아주 효과적이다.

마인드맵의 나뭇가지 구성과 전통적인 필기 방식을 결합해도 좋다. 특히 이 방식은 즉석에서 빠르게 기록해야 할 때 아주 편리하다. 이 방식을 이용하면 수업이나 프레젠테이션 도중 핵심과 아이디어를 자연스럽게 적어둘 수 있다.

다음은 마인드맵을 그릴 때 기억해야 할 규칙이다.

- 종이 한가운데에 작은 상자를 그리고 그 안에 중심 아이디어를 적는다.
- 가운데 상자에서 가지가 뻗어나가는 방식으로 핵심 포인트를 적는다.
- 가지마다 다른 색깔을 사용하는 것도 괜찮다.
- 핵심 단어나 짧은 문구를 적어가며 가지를 계속 이어나간다.
- 화살표를 이용해서 가지들 사이의 관계를 표시한다.
- 기호나 그림을 이용한다.
- 중요한 것은 진하게 표시한다.
- 상대적으로 중요한 아이디어라면 크기를 다르게 한다.
- 밑줄을 긋거나 강조한다.

표 2.1 폴 포어맨이 만든 '행복' 마인드맵

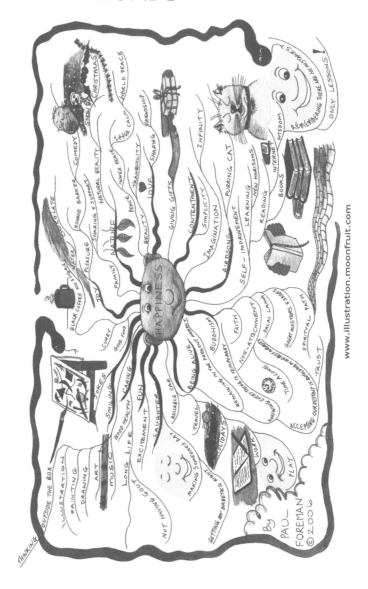

www.illustration.moonfruit.com

악마의 변호인이 되어라

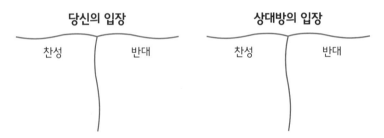

	당신의 입장			상대방의 입장	
	찬성	반대		찬성	반대

악마의 변호인은 누구인가: 토론을 이끌어내기 위해서, 혹은 주어진 문제를 더욱 철저히 검토해 보기 위해서 자신이 반대하는 의견이나 싫어하는 의견에도 일단 수긍하는 사람을 말한다.

악마의 변호인 기술은 문제나 주제의 '다른 면'에도 집중할 수 있게 도와준다. 일단 상대방의 입장이 옳다고 믿는 것처럼 행동하다 보면 상대방의 의견에 어떤 장점이 있는지 찾아보게 되는데, 이러한 시도가 오히려 자신의 의견에 객관성을 더해준다. 또한 상대방의 입장을 이해하게 돼서 더 현실적이고 효과적인 논의 과정을 제안할 수 있기 때문에 협상할 때도 유용한 기술이다.

당신을 유명한 시장조사업체에서 일하는 애널리스트라고 생각해보자. A라는 제품이 시장에서 얼마나 경쟁력이 있는지 보고서를 써야 한다. 당신은 그 시장에 진입해 있는 브랜드 및 제품의 품질이 다양할 뿐 아니라 브랜드나 품질에 대한 소비자의 인식 역시 다양해지고 있기 때문에 점차 가격의 영향력이 커질 것이라고 생각한다. 일단 의심스러운 점을 확인하기 위해 A제품의 마케팅 이사와 인터뷰를 진행하려고 한다. 그러나 여기서 잠깐! 만약 당신의 생각이 마케팅 이사의 생각과 비슷하다면 인터뷰를 한다고 해도 이미 믿고 있는 것을 확인하는 작업에 그치고 말 것이다.

여기서 악마의 변호인 게임을 해보자. 회의에 참석해서 자신이 진실이라고 믿고 있는 것의 부당함을 드러내는 질문들을 던져보자. "A제품의 시장이 점차 가격의 영향력을 덜 받게 될 거라는 점은 사실인가요?"라고 물을 수도 있다. 이런 질문을 통해 얻은 답변들은 상황을 더 확실하게 이해할 수 있게 도와준다.

아이디어 죽이기와
아이디어 키우기

"창의성을 방해하는 대표적인 세 가지는 '의문 제기하지 않기, 서둘러 아이디어 평가하기, 바보처럼 보일까봐 두려워하기' 이다."

의문 제기하지 않기

현재 상황을 있는 그대로 받아들일 때마다 창의성은 떨어질 수 있다. 명백한 사실에도 의문을 제기해야 한다. '1 더하기 1이 정말로 2가 되는가?' 물론 실제로 2가 될 수도 있다. 그러나 '1+1=1 그리고 1'처럼 숫자 11이 될 수도 있다. 혹은 1 위에 1을 가로로 놓으면 알파벳 'T'가 될 수도 있다.

경영 컨설턴트들은 명백한 사실에도 이의를 제기해야 하는 상황에 늘 놓인다. 한 회사의 대표가 전화를 걸어 이렇게 물었다고 해보자. "제품의 원가가 지나치게 높아서 수익성이 떨어지고 있어요. 원가를 낮출 방법이 있을까요?" 이때 컨설턴트들은 본능적으로 '명백해 보이지만 의문을 제기해야 한다'는 걸 깨닫는다. 실제로 원가가 높은지 다시 한 번 확인하는 것이다. 사실 수익성이 하락하는 원인에는 너무 낮게 책정된 가격이나 부진한 판매 등 다른 원인이 있을지도 모른다.

서둘러 아이디어 평가하기

어떤 아이디어는 만들어지는 즉시 평가되고, "그건 안 될 거야"라는 말이 나오는 순간 사라진다. 하지만 너무 서둘러 아이디어를 평가하면 더 이상의 창의적인 생각을 하기란 불가능하다. 아이디어를 급하게 평가하지 않기 위해서 '손 바라보기'를 해보자. 오른손은 '아이디어 창출'을 의미하고, 왼손은 '아이디어 평가'를 의미한다고 가정한 다음 우선은 아이디어를 평가하는 왼손을 주머니에 넣는다. 그리고 창의적인 토론 중에서 나온 아이디어를 수준에 관계없이 모두 받아들인다. 아이디어들이 좋거나 나쁘거나, 유익하거나 무익하거나, 합법적이거나 불법적일 수 있지만 그런 점은 중요하지 않다. 그냥 인정하고 공유한다. 그런 후에 마침내 아이디어를 평가하기 위해 주머니에서 왼손을 꺼낸다. 그러면 이상한 일이 벌어질 것이다. 처음 들었을 때는 터무니없다고 생각했던 아이디어 중 일부가 새롭게 보이면서 "잠깐만, 그 아이디어도 괜찮은데?"라고 말하게 될 것이다.

바보처럼 보일까봐 두려워하기

앞에서 말한 두 가지 태도는, 결국 바보처럼 보일까봐 두려워하기 때문에 일어난다. '놀림거리가 되면 어쩌나' 하는 두려움은 어릴 때부터 줄곧 우리를 따라다녔다. 어른이 돼서도 마찬가지다. 특히 그런 태도는 회사에서 종종 찾아볼 수 있다. 직급이 낮은 팀원일수록 엉뚱하고 괴상한 아이디어는 내놓지 않는다. 상사들이 자신을 바보처럼 볼까봐 두렵기 때문이다. 팀원들은 자신의 진급 가능성이 사라지는 걸 원치 않는다. 그래서 관례에 따르거나 충분한 시험을 통해 검증된 분석적인 의견을 내놓는다. 반대로 가장 높은 직급에 있는 임원은 오랫동안 쌓아온 자신의 이미지를 보호하려고 노력한다. 직원들에게 '나이만 먹은 바보'라는 소리를 들을까봐 걱정한다. 결과적으로 그들 역시 엉뚱한 아이디어는 내놓지 않는다.

창의적으로 생각하려면 우리는 무관심, 성급함, 불안감을 이겨내야 한다. 역사 속에는 새로운 발명이나 예술, 문학 사조를 과도하게 거부했던 사람들이나 안정적인 삶을 너무 사랑한 나머지 새로운 아이디어를 받아들일 수 없었던 사람들이 넘쳐난다. 한 분야의 권위자로 추앙받았던 사람들이나 명성을 지키는 것에 지나치게 집착했던 사람들의 경우에는 특히 그러했다. 다음은 과학과 예술계의 사례들이다.

- 월트 디즈니는 신문사 '캔사스시티 스타'의 편집장으로부터 해고당했다. 상상력이 부족하고 좋은 아이디어가 없다는 이유에서였다. 그러나 수년 뒤, 디즈니사(社)는 캔사스시티 스타의 모기업이었던 ABC를 인수했다.
- 빈센트 반 고흐는 800여 점의 그림을 그렸지만, 생전에 팔렸던 그림은 단 한 점뿐이었다. 그는 붉은 포도밭(Red Vineyard at Aries)을 친구의 여동생에게 400프랑(약 5만 원)에 팔았다.
- 1921년 미국 국방부 장관 뉴턴 베이커는, "항공기에서 폭탄을 떨어뜨려 전함을 가라앉게 하겠다"는 빌리 미첼 육군준장의 주장에 발끈하며 이렇게 말했다. "그 아이디어는 너무나 비현실적이고 터무니없군. 나는 그 바보 같은 준장이 공중에서 폭탄을 떨어뜨리는 동안 기꺼이 군함 갑판에 서 있겠네."
- "연기도 못하고 노래도 못하는군. 그나마 춤은 조금 추는군." 1928년 프레드 아스테어(미국의 유명한 무용가이자 가수 겸 배우)의 오디션을 지켜본 영화사 MGM의 반응이었다.

- 파블로 피카소가 자신의 그림이 비에 젖지 않도록 안으로 가지고 들어가도 괜찮은지 묻자 파리의 미술품 딜러는 단호하게 거절했다.
- 1957년 미국 출판사 프렌티스 홀의 경영서적 담당자는 이렇게 말했다. "세계를 구석구석 다니면서 최고의 위치에 있는 사람들과 이 현상에 대한 의견을 나눴다. 그 결과 나는 데이터 분석이 1년 후에는 사라질 유행이라고 확신하게 됐다."
- "이 팀의 사운드가 마음에 들지 않는다. 그리고 기타 음악은 이제 한물갔다." 1962년 데카 레코딩 사(社)가 비틀즈에게 퇴짜를 놓은 이유이다.
- "그래서 이걸 어디에 사용하지?" IBM 시스템 개발부서의 한 엔지니어는 반도체 아이디어에 대해 이렇게 반문했다.
- 마돈나는 20세기에 가장 많은 음반을 판매한 가수다. 하지만 1980년대 초반에는 수많은 음반사로부터 수없이 거절당하곤 했다. 한 유명 에이전트는 그녀의 목소리가 음반시장에서 두각을 나타낼 정도로 독특하지는 않다고 평가했다.
- 조앤 롤링이 쓴 『해리포터와 마법사의 돌』은 1990년대 초반 열두 곳이 넘는 출판사로부터 퇴짜를 맞았다. 대부분의 출판사들이 그녀의 이야기가 대중적이지 않다고 답변했다.

도대체 사람들은 어떤 상황에서 잘못된 판단을 내리거나 기회를 놓치게 되는 것일까? 이것을 이해하려면, 일단 1종 오류와 2종 오류라고 불리는 두 가지 오류를 알아야 한다. 이것에 대한 자세한 내용은 3부에서 다시 다룰 예정이므로 여기서는 간단하게 그 의미만 살펴보도록 하자.

1종 오류가 잘못된 개입으로 인해 생긴 관여오류(error of commission)라면 2종 오류는 중요한 정보를 무시했기 때문에 생긴 누락오류(error of omission)이다. 즉 서절해야 했던 프로젝트를 진행했기 때문에 생긴 결과가 1종 오류라면, 진행해야 했던 프로젝트를 무시하고 방치했기 때문에 생긴 결과는 2종 오류에 속한다. 1종 오류가 눈에 보이는 실수라면, 2종 오류는 기회 자체를 잃어버린 것이다.

어떤 행동을 선택했는데 그것이 실수로 판명됐을 때 우리는 1종 오류를 저질렀다고 말한다. 영화사 고위 경영진이라면 나중에 실패로 드러난 영화 프로젝트를 승인했을 때부터 이미 1종 오류를 저지른 셈이다. 이런 종류의 오류는 확실하게 눈에 띈다. 즉 이 고위 경영진은 경력 상에서 아주 분명한 오점을 남긴 셈이다.

반면에 어떤 행동도 하지 않았기 때문에 기회를 놓친 것으로 판명됐을 때 우리는 2종 오류를 저질렀다고 말한다. A영화사에서 제작 결정을 미룬 사이 다른 영화사에서 그 영화를 제작하고 엄청난 흥행을 거뒀다면 A영화사는 2종 오류를 저지른 셈이다. 2종 오류는 종종 일어나지만 알아차리기는 쉽지 않다. 사실 대부분의 2종 오류는 좀처럼 발견되지 않는다. 기회는 겉으로 드러나지 않기 때문이다. 일단 프로젝트나 아이디어가 폐기 혹은 보류로 결정되면 다시 진행하기란 쉽지 않다. 대부분 그 즉시 중단되고 만다. 다른 기회를 찾기 위해 다시 그 프로젝트를 꺼내드는 사람은 거의 없다. 2종 오류는 잘 보이지 않는다. 그렇기 때문에 1종 오류에 비해 개인이나 조직이 치러야 하는 대가는 적다. 누구나 어떤 일을 진행하는 것보다 거부하는 편이 더 쉽다. 결과가 어떻게 될지 아무도 알 수 없기 때문이다. 그러나 지금처럼 기회를 상실한 책임을 묻기보다 결정에 따른 결과만을 평가한다면, 자신이 놓쳐버린 기회가 무엇인지 결코 알아채지 못할 것이다.

"아이디어를 죽이는 말과 아이디어를 키우는 말의 목록을 머릿속에 저장해둔다."

아이디어를 죽이는 말

그거 전에도 해봤잖아.
비용이 많이 들 거야.
내 일이 아니야.
네 일이 아니잖아.
우리가 하는 방식이 아니잖아.

문서로 남겨두지 그래?

불가능해.

말도 안 돼.

네 의견이 맞을지 모르지만······.

내년쯤 생각해보자.

긁어 부스럼 만들지 마.

시간이 너무 많이 걸릴 것 같아.

우리 고객은 그런 거 싫어해.

우리 회사는 규모가 너무 작아.

그 정도면 충분하지.

우리 회사는 규모가 너무 크잖아.

어리석은 생각이야.

지금 당장은 시간이 없어.

다른 정보는 필요 없어.

여기서는 그렇게 못해.

아이디어를 키우는 말

혹시 질문하고 싶은 사람 있어?

최종 결정을 하기 전에 모든 경우의 수를 생각해볼까?

정보를 어디서 더 얻을 수 있을까?

질문해도 될까?

그렇게 하면 어떨까?

어떻게 하면 고칠 수 있을까?

새로운 정보를 찾았으니 계획을 바꿔야겠어.

네 아이디어를 말해줘.

좀 도와줘.

그러니까 네 말은 이런 뜻이지?

그 외에 누가 영향을 받을까?

우리가 놓친 게 뭘까?

다른 아이디어 있는 사람?

나는 잘 모르겠는데 네 의견은 어때?

왜 항상 똑같은 방법으로 해야 하지?

이렇게 하면 재미있을 것 같아.

얼마나 다양한 방식으로 실행할 수 있을까?

고마워!

브레인스토밍은
생각보다 중요하다

"아이디어는 많을수록 좋고, 엉뚱한 아이디어도 환영하며, 평가는 뒤로 미루고, 누구나 '히치하이킹'을 할 수 있도록 돕는다. 이것이 브레인스토밍을 할 때 기억해야 할 규칙이다."

아이디어는 창의력의 핵심이다. 그리고 브레인스토밍은 아이디어를 만들어내는 한 가지 방식이다. 브레인스토밍 회의는 6~15명 정도로 이루어진 그룹에 적합하다. 회의실에 아이디어를 적을 수 있는 화이트보드를 미리 준비해둔다. 브레인스토밍의 목적은 새롭고도 적절한 아이디어를 생각해내는 것이다. 그러기 위해서는 브레인스토밍의 '규칙'을 지켜야 한다.

첫째, 브레인스토밍의 주된 목적은 아이디어를 많이 내는 데 있다. 브레인스토밍 회의에서 나온 아이디어는 바로 화이트보드에 적는다. 둘째, 바보처럼 보일까봐 두려워하지 않고 참신한 아이디어를 생각해낼 수 있도록 '아이디어가 엉뚱할수록 좋다'고 미리 알려준다. 그래서 아이디어가 꼬리에 꼬리를 물고 이어지도록 한다. 아무리 이상하고 어이없는 아이디어라도 모든 아이디어를 수용한다. 셋째, 아이디어에 대한 평가는 반드시 나중에 한다. 아이디어를 생각해내는 동시에 평가하는 것은 모순이다. 이런 습관은 창의적인 생각을 사라지게 한다. 넷째, 회의에 참석한 사람들이 자연스럽게 아이디어에 승차할 수 있도록 돕는다. 누군가가 내놓은 아이디어를 다른 사람이 더 발전시키고 또 다른 아이디어를 내놓기 위해 다른 사람의 아이디어를 이용하는 것을 '히치하이킹'이라고 한다. "저 아이디어 덕분에 이런 생각이 떠올랐어.", "저게 괜찮다면, 이건 어떨까?" 하는 식의 반응이 나온다면 '히치하이킹'이 시작된 것이다.

브레인스토밍 과정이 끝날 때쯤이면 화이트보드의 한쪽 끝에서 다른 쪽 끝까지 여기저기 아이디어가 흩어져 있을 것이다. 아주 자연스러운 광경이다. 회사에서 이런 식의 자유를 경험하는 것은 아주 드물기 때문에 몇몇 사람들은 키득거리거나 웃음을 터뜨릴지도 모른다.

이렇게 흩어져 있는 아이디어를 그룹별로 다시 정리한다. 그 과정에서 정말 놀라운 결과를 발견하게 될 것이다. 브레인스토밍의 장점을 몰랐던 팀장이라면 직원들의 머릿속에 존재하는 아이디어의 상당량이 상업적인 가치를 지니고 있다는 데 놀라게 될 것이다.

회사용 브레인스토밍 질문지

[표 2.2]는 회사용 브레인스토밍 질문지이다. 회사, 회사에서 생산하는 제품, 현재 시장이 품고 있는 가능성에 대해 생각해보도록 도와준다. 브레인스토밍 회의를 진행할 때 이런 질문지를 작성하는 것으로 마무리하면 최선의 결과를 얻을 수 있다.

여기에는 아주 흥미로운 질문이 포함되어 있다. "우리는 실제로 어떤 사업을 하는가?" 이 질문에 답해보는 것은 새로운 시장을 발견하는 첫걸음이다. 기존 사업의 범위를 넓히거나 좁힐 때도 유용하다. 많은 기업가들이 이 질문을 통해 잠재력 있는 새로운 시장을 찾는다. 사업의 범위를 처음부터 너무 좁게 설정하거나 시간이 지날수록 점점 좁게 설정하는 경우는 흔하다.

신문을 인쇄하는 회사를 떠올려보자. 이 회사의 업종은 무엇인가? 적합한 답변은 '신문업'이다. 그렇다면 이 회사는 실제로 어떤 사업을 하고 있는가? 이렇게 질문을 바꾸면 '정보사업'이라는 답변도 가능해진다. 이렇게 회사의 사업 범위를 새롭게 정의하다 보면 새로운 가능성을 생각해낼 수도 있다.

그러한 가능성은 더 많은 신문을 파는 것 대신 기존 사업에 연결되어 있는 새로운 시장을 발견하도록 도와준다. 항공회사의 업종은 항공업일까, 운송업일까? 코카콜라의 경우는 어떨까? 코카콜라는 한때 탄산음료 시장만을 겨냥했다. 코카콜라의 시장 점유율은 80%에 달했다. 하지만 간편 음료 시장으로 사업의 범위를 넓히자 시장 점유율은 10%로 떨어졌다. 이제는 탄산음료뿐 아니라 생수, 주스, 우유 등 용기에 담긴 모든 음료들이 경쟁상대가 됐기 때문이다. 시장의 범위를 다시 설정하면서 코카콜라는 시장 성장 잠재력에 대한 인식을 완전히 바꾸게 되었고, 그러한 시도는 마케팅 활동에 새로운 활기를 더해주었다.

표 2.2 우리 회사의 업종은 무엇인가?

I. 우리 회사의 사업은 무엇인가?

1a. 우리 회사는 실제로 어떤 업종에 속해 있는가?

1b. 우리 회사는 어떤 업종에 속해야 하는가?

1c. 우리 회사가 시도하지 말아야 하는 업종은 무엇인가?

1d. 1년, 2년, 5년, 10년 뒤 회사는 어떤 모습일까?(그 이유는 무엇인가?)

1e. 거시경제 상황이나 정치적 · 지정학적 사건이 우리 회사의 사업에 어떤 영향을 미칠까?

II. 우리는 누구인가?

2a. 다음의 내용을 포함한 이력서를 한 장 분량으로 작성해서 회사에 제출하시오.

– 경력

- 학력

- 업무 성과

- 추천

2b. 우리가 실제로 잘하는 것은 무엇인가? (핵심 역량은 무엇인가?)

2c. 회사에 도움이 되는 나의 역량은 무엇인가? 나는 어떤 기술을 가지고 있는가? 어떤 인적 네트워크를 가지고 있는가?

2d. 우리기 잘해야 하는 일은 무엇인가? (아직 잘하고 있지 못한 일에서 고를 것)

III. 우리는 누구에게 무엇을 파는가?

3a. 우리의 고객은 누구인가? 누가 우리 회사의 물건을 구매하는가?

(각 제품을 구매하는 것은 누구인가?)

3b. 고객들은 왜 구매하는가?

3c. 우리는 실제로 무엇을 파는가? 우리의 고객들은 어떤 혜택을 구입하거나 받고 있는가?

3d. 누가 구매하지 않는가? (그 중에서 구매할 수 있는 잠재력이 있거나 구매해야 하는 고객은 누구인가?)

3e. 구매하지 않는 이유는 무엇인가?

IV. 우리의 경쟁자는 누구인가?

4a. 누가 우리와 경쟁하는가? 경쟁회사는 어떤 업종에 속해 있는가?

4b. 우리 회사에 비해 경쟁회사의 독특한 강점은 무엇인가?

4c. 우리 회사에 비해 경쟁회사의 약점은 무엇인가?

4d. 경쟁회사는 어떻게 광고하고 홍보하는가?

4e. 경쟁회사의 가격 정책과 할인 정책은 무엇인가?

4f. 경쟁회사의 고객서비스 정책과 관행은 무엇인가?

4g. 경쟁회사의 핵심 인물은 누구인가? 우리는 그 핵심 인물에 대해 무엇을 알고 있는가? 핵심 인물의 경험과 자격, 강점과 약점, 성격적 특성은 어떠한가?

V. 우리의 경쟁력은 어떤가?

5a. 우리는 어떤 시장에 속해 있는가?

5b. 각 시장에서 우리의 경쟁회사는 누구인가?

5c. 경쟁회사를 상대로 우리는 어떤 위치를 점하고 있는가?

5d. 우리는 경쟁사보다 어떤 점에서 어느 정도 더 강한가? 혹은 더 약한가?

5e. 만약 당신이 경쟁사에서 일하고 있다고 한다면, 우리 회사의 시장을 빼앗기 위해 어떤 점을 공략하겠는가?

VI. 고객서비스를 어떻게 개선할 수 있는가?

6a. 우리 고객들은 회사의 서비스를 어떻게 생각하는가? 그 이유는 무

엇인가?

6b. 우리 서비스의 강점은 무엇인가? 실제로 고객들은 어떤 부분을 칭찬
하거나 고마워하는가?

6c. 서비스에서 개선할 부분은 무엇인가? 회사에 접수된 불만사항은 무
엇인가? 불만사항을 어떻게 처리하는가? 어떤 부분까지 개선될 수
있는가?

6d. 회사가 정책직으로 마련해놓은 고객서비스 관례가 있는가? 그것이
문서로 작성되어 있는가? 어디에 보관하고 있는가? 모든 직원들이 그
것을 알고 있는가?

6e. 고객이 자신을 '회사의 일부'처럼 느끼게 만들 수 있는가? 방법은 무
엇인가?

6f. 고객에게 더 나은 서비스와 가치를 제공하는 방법을 얼마나 많이 생각
해낼 수 있는가?(이 단계에서는 질이 아닌 양에 초점을 맞춘다.)

VII. 광고와 홍보

회사를 홍보하는 방법을 얼마나 많이 생각해낼 수 있는가? (일단 상상력을
최대한 발휘해본다. 엉뚱하고 현실적이지 않더라도 상관없다. 다시 말하지만, 질보다는 양
에 초점을 맞춘다. 아이디어 리스트는 나중에 줄여도 된다.)

그것은 진짜 문제일까?

"어떤 문제가 진짜 문제인지 생각해본다. 그리고 다시 정의해본다."

한 레스토랑이 다음과 같은 문제로 고민하고 있다고 해보자. "오랫동안 줄을 서서 기다려야 하는 것 때문에 고객들이 짜증을 내고 있고, 그로 인해 고개들이 줄어들고 있다."

당신이 이 레스토랑의 컨설턴트라면 어떤 제안을 하겠는가?

일반적으로 생각할 수 있는 해결책은 다음과 같다.

- 더 많은 고객이 들어올 수 있도록 레스토랑을 넓힌다.
- 신속한 주문과 서빙을 위해서 메뉴의 수를 줄인다.

－ 음료만 주문하는 고객들은 테이블에 앉지 못하게 한다. 음료 전용 테이블
  도 없앤다.

모두 가능한 해결책들이다. 그렇지만 이 해결책들은 더 많은 사람을 수용하는 것에만 집중하고 있다. 여기서 관점을 바꿔보자. 고객들이 좀 더 즐겁게 기다릴 수 있도록 하면 어떨까. 이렇게 관점을 바꾸면 또다시 수많은 전략이 나올 것이다. 기다리는 동안 볼 수 있는 텔레비전을 설치하거나 간식거리를 무료로 제공하거나 재미있는 설문조사를 의뢰하거나 라이브 공연을 하거나 비디오 공연을 상연하는 등 여러 가지를 고려해볼 수 있다.

다른 관점으로 생각하면 또 새로운 해결책이 나온다. 예를 들어 고객들이 특정한 시간에 몰리지 않도록 조절하는 것은 어떨까. 피크 시간이 아닌 때에 레스토랑을 방문하도록 유도하는 것이다. 하루 중 특정한 시간에 음료수 할인 쿠폰이나 정해진 메뉴를 무료로 제공할 수도 있고 강연회, 유명인사 사인회, 공연 등 특별한 행사를 열 수도 있다.

물론 이렇게 문제에서 한 걸음 뒤로 물러나 여러 가지 관점을 생각해보는 사람은 드물다. 대부분의 사람들은 어떤 문제를 듣거나 보게 되면 거의 바로 전략을 짜기 시작한다. 창의적으로 생각하고 싶다면 문제 상황에 적용할 수 있는 2~3가지 대안 목표를 다양하게 정해두는 것이 좋다.

여기 또 다른 사례가 있다. 한 농산물 수입자 조합이 운반 중에 발생하

는 배(과일)의 손상 때문에 고민하고 있다고 해보자. 운송 중에 멍이 들거나 상하는 배의 비율을 줄이는 것을 목표로 정했다면, 배 주변에 완충재를 더 넣고 포장 단위를 줄이는 등 포장 과정과 유통 시스템을 바꾸는 다양한 전략이 이어질 것이다. 물론 이 해결책들은 문제를 부분적으로나마 해결해준다. 하지만 그 어떤 것도 혁신적이지는 않다.

이제 문제 자체를 재구성해보자. '멍이 덜 드는 단단한 배를 생산하자'라고 목표를 바꾸면 그에 따라 전혀 새로운 전략이 생겨날 것이다. 배의 품종을 연구하는 사람들을 고용해서 결국 '사과배(apple-pear)'라는 새로운 품종을 탄생시켰다면 어떨까. 이제는 멍이 들지 않는 신종 배, 배의 풍미를 지녔지만 사과처럼 단단한 새로운 품종을 대규모로 공급할 수 있게 된 것이다. 놀랍지 않은가. 그러니 이제부터라도 문제가 정말 문제인지, 목표가 정말 목표인지 물어보는 습관을 들이자.

아이디어 아군 찾기

"창의적인 아이디어를 설득하는 과정에서 사람들은 논리적이고 세밀한 프레젠테이션보다 확신과 열정의 깊이에 더 감동받는다."

창의적인 아이디어를 실질적인 혁신으로 바꾸려면 조직 내 핵심 인물들의 지지를 얻어야 한다. 창의적인 아이디어를 실현시키려면 기술적인 부분 못지않게 회사의 정책도 중요하다. 일단 모든 사람들을 아군이라고 생각하라. 직급이 낮은 사람들에게 먼저 피드백을 받아라. 그것을 사람들이 던질 수 있는 질문이나 아이디어의 장단점을 파악하는 과정으로 활용하라.

무엇보다도 모든 사람을 만족시킬 수 있을 거라는 기대를 품지 말아야 한다. 반대하는 사람은 항상 있게 마련이다. 이 프로젝트로 인해 가장 영향을 받을 것 같은 사람들을 먼저 끌어들여라. 좋은 아이디어는 종종 그것과 전혀 상관없는 문제 때문에 무너지곤 한다. 특히 아이디어에 의해 가장 영향을 받게 될 사람들이 엉뚱한 문제를 제기하곤 한다. 이 점을 거꾸로 활용하라. 이런 문제들을 미리 파악하고 적절한 답변을 준비한다.

만약 아이디어가 괜찮다면 오히려 사람들은 그 과정에 적극적으로 참여하고 싶어 할 것이다. 괜찮다. 그렇게 하도록 놔두어라. 공로를 독차지하고 싶어 한다는 인상을 주지 않도록 한다. 그리고 어떤 식으로든지 아이디어에 투자한 사람은 그에 합당한 대가를 기대할 것이다. 사람들이 당신의 아이디어를 수락했다면 그 '대가'에 대해서도 미리 생각해봐야 한다. 아이디어를 수정하는 경우도 생각해보자. 타협은 피할 수 없는 현실이다.

마지막으로 이 아이디어의 실행을 최종적으로 결정하는 사람들, 즉 당신이 실제로 설득해야 하는 사람들에 대해 깊이 조사한다. 대상을 잘 알수록 맞춤형 프레젠테이션도 잘 준비할 수 있다. 마지막 프레젠테이션은 대상을 염두에 두고서 열정을 다한다. 논리에 신선함을 더한다. 사람들은 논리적이고 자세한 프레젠테이션보다는 아이디어에 대한 열정과 헌신에 마음을 여는 법이다.

Part 3

언제나
최선의
선택은 있다 ———

결정장애를 없애는
여덟 가지
논리 도구

어떤 것을 결정할 수 있는 것, 그것보다 더 어렵고 소중한 것은 없다.

— 나폴레옹-Napoleon —

훑어보기

이 장에서는 여러 가지 중요한 의사결정을 할 때 사용할 수 있는 도구들을 알아볼 것이다. 응용 추론도 알아볼 것이다. 이러한 기술들을 사용했을 때 얻을 수 있는 이점은 무엇일까? 바로 생각의 과정을 구조화해볼 수 있다는 것이다. 설계도 없이 집을 지을 수 있을까? 의사결정 과정을 구조화하는 일은 집을 짓기 전에 청사진을 그리는 것과 같다. 물론 청사진이 없어도 집을 지을 수는 있다. 하지만 청사진이 있을 때처럼 정확하고 효율적으로 지을 수는 없을 것이다. 하지만 이 과정 자체가 곧바로 결론이 되는 것은 아니다. 의사결정 과정을 구조화해서 살펴본 후, 최종적으로 결론을 내야 하는 사람은 바로 당신이다.

도구 중에서는 '트리'와 '상자'를 살펴볼 것이다. 트리는 순서에 따라 체계적으로 생각을 정리해볼 수 있도록 도와주고, 상자는 정보를 간단하게 정리할 때 유용하다. 트리는 순서도를 그리는 것과 비슷하다. 의사결정-사건 트리는 정보에 따른 결과를 시각적으로 표현해보는 것이다.

상자를 이용하는 방식은 표를 사용해서 정보를 분류하는 과정과 비슷하다. 그것을 여기서는 매트릭스라고 부를 것이다. 큰 부품, 작은 부품, 금색 부품, 은색 부품 네 종류의 부품을 만드는 공장이 있다고 가정해보자. 이 공장이 만들어낼 수 있는 결합부품은 총 몇 종류일까? 그것을 알아보기 위해 매트릭스를 이용할 수 있다. 표를 만들고 부품의 종류를 적어본다. 곧이어 아래와 같이 큰 금색 부품, 큰 은색 부품, 작은 금색 부품, 작은 은색 부품 이렇게 네 종류의 결합제품이 나온다는 것을 쉽게 알 수 있다.

	큰 부품	작은 부품
금색 부품	큰 금색 부품	작은 금색 부품
은색 부품	큰 은색 부품	작은 은색 부품

가중서열화는 선택할 수 있는 조건이나 결과를 평가하기 위해 의사결정 과정을 수치로 표시하는 기술이다. 각 조건의 순위를 정하고 가중치를 부여한다. 집을 사려고 한다고 가정해보자. 가장 좋은 선택을 하기 위해서 가

중서열화를 사용해볼 수 있다. 좋은 위치, 알맞은 규모, 좋은 환경 이 세 가지 기준의 순위를 매기고 각각에 가중치를 부여한 다음, 후보에 오른 집들의 상태를 점수화한다. 그렇게 하면 최선의 선택을 수치로 확인할 수 있다.

가설검증은 아이디어나 이론을 시험할 때 유용하다. 어떤 아이디어를 시험해보고 싶다면 일단 그와 관련된 가설을 세우고 그것들을 하나씩 입증해가면 된다. 보통 가설은 의문형으로 세운다. "녹색 눈동자를 지닌 사람이 더 사교적인가?" "주식 거래인들은 일반 기업인들보다 더 성공적으로 주식 투자를 하는가?" "나는 정말로 암에 걸렸는가?" 이러한 가설은 사회과학, 경영, 과학 등 전 분야에 걸쳐 사용할 수 있다.

마지막으로 여러 가지 동기가 복잡하게 얽혀 있는, 죄수의 딜레마 게임을 통해 협력과 경쟁의 이점에 대해 알아보자. 특히 개인과 집단이 대치하는 경우를 살펴볼 것이다.

양쪽의 입장을 함께 분석하라

T자형 메모를 통해 찬반 분석을 할 수 있다. 먼저 알파벳 T를 쓴 다음 양쪽에 찬성하는 이유와 반대하는 이유를 각각 써서 분석해본다.

찬성	반대
●	●
●	●
●	●

각 이슈마다 얼마나 다양한 입장들이 얽혀 있을까? 그러나 실제로는 세 가지 입장이 존재한다고 볼 수 있다. 찬성과 반대, 그리고 중도. 찬반 분석을 할 때는 이보다 더 단순화시켜서 두 가지 입장만 있다고 가정한다. 이슈와 관련해 유리한 쪽은 '찬성', 불리한 입장은 '반대'라고 정하고, 이슈에 대한 최종 평가를 내리기 전에 양쪽 입장을 지지하는 세 가지 이유를 각각 생각해본다.

양쪽의 입장을 이해하는 일은 균형 잡힌 시각으로 문제를 바라볼 수 있게 도와준다. 그리고 자신이 지지하지 않는 입장에 대해서도, 그것의 단점뿐 아니라 장점까지도 생각해보게끔 돕는다. 대부분의 사람들은 단점을 찾는 데 탁월하다. 이럴 때 찬반 분석을 하면 균형감각을 되찾을 수 있다. 고등학교나 대학교의 토론 수업이 좋은 이유는, 어떤 이슈에 대해서든 찬성과 반대 양쪽의 입장에 서서 생각하도록 하기 때문이다. 토론 대결을 벌이는 동안, 참가자는 찬성과 반대 어느 쪽이든 옹호하거나 공격할 준비를 해야 한다.

찬반 분석이 가능하다면, 찬성과 반대에 대한 의견을 적을 때 양적인 면(비용적인 면)과 질적인 면(비용 외적인 면)을 모두 포함해서 각각의 의견을 제시해야 한다.

오래된 건물 교체하기

당신은 도시계획 부서에서 일하는 연구원이다. 도시 중심가의 오래된 건물에 대한 의견을 문서로 제출해야 한다. 문제의 장단점을 아우르는 통합적인 사고를 하기 위해서 다음에 나오는 찬반 분석표 안에 각각의 이유를 적어보기로 한다.

이슈 : 대부분의 사람들은 오래된 건물을 과거에 대한 소중한 기록이라고 생각한다. 그럼에도 불구하고 현 지자체는, 도시 중심에 있는 오래된 건물을 철거해서 활용도를 높이자는 설계자들의 의견을 긍정적으로 검토하고 있다는 의혹을 받고 있다.

찬반 분석표

	찬성	반대
양적인 면에서 지지하는 이유	현 지자체는 의혹에 대한 입장을 밝혀야 한다. • 수익 흐름: 새 건물을 임대하거나 매각하면 금전적인 수익을 더 거둘 수 있다. • 수익 흐름: 새 건물에 대한 세금으로 금전적인 수익을 더 거둘 수 있다. • 비용: 오래된 건물은 관리 유지비가 많이 든다.	의혹을 해소할 필요는 없다. • 수익 흐름: 오래된 건물로 인해 관광 수익을 거둘 수 있다. • 수익 흐름: 부유한 사람들은 역사적인 건물을 보존하기 위해 기부를 하기도 한다. • 비용: 새 건물을 지으려면 엄청난 경비가 필요하다. 지자체 재정에 부담을 줄 것이다.
질적인 면에서 지지하는 이유	• 안전성: 새 건물이 더 안전하다. • 건축적인 면: 다른 현대식 건물과 시각적으로 더 조화를 이룬다(유사성의 조화). • 미학적인 면: 새로운 건물은 힘과 발전의 상징이다.	• 교육적인 면: 오래된 건물에는 문화적, 교육적, 역사적 가치가 담겨 있다. • 건축적인 면: 오래된 건물은 현대식 건물과 시각적으로 흥미로운 대조를 이룬다(대비의 조화). • 미학적인 면: 오래된 건물은 과거에 대한 향수를 담고 있다.

문제 6. 사내 교육

찬반 분석을 한 번 더 해보자. 실무 교육에 대한 찬반 의견이 팽팽하게 맞서고 있다고 가정하고, 찬성과 반대 의견을 지지하는 각각의 이유를 다음 표에 적어보자. 답은 <u>279</u>쪽에 나와 있다.

> **이슈 :** 슈퍼 코퍼레이션의 인사부 책임자는 공식적인 사내 교육 프로그램이 직원들의 새로운 업무수행 기술을 높이고, 새로운 직무에 필요한 인력고용 비용을 줄일 수 있다고 주장한다. 그러나 일부 핵심 임원들은 효과가 검증되지 않은 사내 교육 프로그램에 소중한 업무 시간을 사용할 수 없을 뿐만 아니라 직원들의 잦은 이직 때문에 장기적인 효과를 볼 수 없다고 주장한다.

찬반 분석표

	찬성	반대
양적인 면에서 지지하는 이유	사내 교육을 찬성한다. • • •	사내 교육을 반대한다. • • •
질적인 면에서 지지하는 이유	• • •	• • •

매트릭스의 마법을 이용하라

가장 일반적인 매트릭스는 2×2 형태다. 매트릭스란 두 가지 항목을 또 다른 두 가지 항목과 대조한 후 거기서 나올 수 있는 네 가지 가능성이나 결과를 다 함께 정리해놓은 도표다.

매트릭스 안에 수치나 문장을 적어 넣을 수 있는데, 문장이 들어갈 경우에는 세로뿐 아니라 가로로 읽었을 때도 정보의 의미가 통해야 한다. 수치가 주어졌을 경우에는, 알고 있는 정보를 먼저 채워놓은 후 간단한 수학적 계산을 통해 숨어 있는 정보를 찾아낼 수 있다.

다음의 매트릭스를 살펴보자.

표 3.1 시간관리 매트릭스

	중요한 업무	사소한 업무
긴급한 업무	**중요하고 긴급한 업무** 3일 안에 끝내야 하는 중요한 프로젝트 • 위기관리 상황이 발생할 수도 있다. • 무조건 먼저 처리해야 하는 일이다.	**사소하지만 긴급한 업무** 전화벨이 울린다(사소하지만 빨리 처리해야 하는 일이다. 물론 당장 시작해야 하는 프로젝트와는 관계없다). • 유능한 시간 관리자는 이 항목에 대한 한계를 정해놓는다.
긴급하지 않은 업무	**중요하지만 긴급하지 않은 업무** 3개월 내에 끝내야 하는 프로젝트 • 아직 시작되지 않았다. • 과도하게 시간을 쏟을 필요는 없다. • 효율적으로 일하는 팀원과 비효율적으로 일하는 팀원을 구분해본다. • 시간 관리에 대한 문제가 발생할 수 있다.	**사소하고 긴급하지도 않은 업무** 낮에는 개인적으로 지역봉사 활동에 참가하고, 밤에는 텔레비전을 본다. • 바쁘기만 하고 실속 없는 일, 긴장을 풀어주는 일, 시간 낭비 등이 이 항목에 속한다. • 우선순위가 낮다. • 유능한 시간 관리자는 이 항목에 대한 한계를 정해놓는다.

장난감 수량 구하기

한 번에 100개씩 생산할 수 있는 장난감이 있다고 해보자. 각 장난감은 '파란색, 녹색, 작다, 크다' 이렇게 네 가지 특징 중 정확히 두 가지의 특징을 지니고 있어야 한다. 매트릭스는 오른쪽이나 아래쪽으로 합계를 낼 수 있다. 맨 오른쪽 제일 하단에 'xxx'로 표시된 부분이 총 합계를 나타내는 칸이다. 여기에는 숫자 100이 들어갈 것이다. 실선이 아니라 점선으로 표시된 부분은 매트릭스의 합을 계산하기 위해 확장해놓은 칸이다. 주어진 정보가 있다면 다음과 같이 매트릭스의 칸을 채울 수 있다.

색깔

		파란색	녹색	
	크다	x(20)	x(45)	xx(65)
크기	작다	x(10)	x(25)	xx(35)
		xx(30)	xx(70)	xxx(100)

매트릭스를 사용하려면 어떤 조건이 충족되어야 할까? 일단 정보가 겹치지 않고 확실하게 구분되어 있어야 한다. 즉 예시로 나온 장난감의 경우, 파란색이나 녹색이어야 하고 작거나 커야 한다. 파란색과 녹색이 섞인 청

록색이나 다른 색이 포함된 줄무늬가 있으면 안 된다. 또한 자료의 수가 한 정적이어야 한다. 이 장난감의 경우에는, 정확히 100개만 생산된다고 나와 있다. 그리고 파란색 인형, 녹색 인형, 큰 인형, 작은 인형의 숫자가 정확히 정해져 있어야 한다. 그럴 때 비로소 '가로'와 '세로'의 합계를 정확하게 계산할 수 있다.

매트릭스는 정보를 깔끔하게 정리할 때 유용하다. 이것을 이용하면 엄청난 양의 정보도 간단하게 정리할 수 있다.

이제 아래 매트릭스를 살펴보자. 이 매트릭스는 경쟁우위 지점을 찾아낼 때 유용하다.

		판매 수익	
		높다	낮다
판매량	많다	판매량이 많고 수익도 높다.	판매량은 많지만 수익은 낮다
	적다	판매량은 적지만 수익은 높다.	판매량도 적고 수익도 낮다.

① 판매량이 많고 수익도 높은 경우

초창기 애플과 마이크로소프트 사처럼 컴퓨터 소프트웨어 업계에서는 제한된 시간 내에 많은 물량을 팔아 높은 수익을 거둔 회사들이 있다.

② 판매량은 많지만 수익은 낮은 경우

항공업계는 많은 좌석을 판매하지만 수익은 낮은 것으로 유명하다.

③ 판매량이 적지만 수익은 높은 경우

하이패션(High-Fashion) 회사들은 상대적으로 적은 물량을 판매하고 높은 수익을 얻는 것으로 유명하다.

④ 판매량도 적고 수익도 낮은 경우

동네 노점들은 적게 팔고 수익도 낮다.

앞의 매트릭스는 기업의 생존전략을 살펴볼 때도 유용하다. 기업들이라면 ①번 상황처럼 많이 팔고 수익도 높은 최고의 상황을 누리고 싶어 할 것이다. 그러나 실제로 그런 상황은 오래가지 않는다. ①번 상황에서 시작했던 기업이라도 경쟁자들이 나타나면 ②번이나 ③번 상황에 빠질 가능성이 있다.

많은 기업들이 ②번이나 ③번 상황에서 사업을 하고 있다. 즉 판매량은 많지만 수익이 적거나 판매량은 적지만 수익은 높은 상황에서 말이다. ④번 상황에 처한 기업들은 가까스로 버텨내고는 있지만 ②번이나 ③번 상황으로 뛰어오르지 못한 경우가 대부분이다. 낮은 가격으로 적은 물량을 판매하면서 오래 버틸 수 있는 기업은 없다.

매트릭스 vs 도표

대부분의 사람들이 매트릭스와 도표를 혼동하곤 한다. 이 두 가지 도구들은 겉으로는 비슷해 보이지만, 사실은 완전히 다른 도구다(모든 매트릭스는 도표에 포함되지만, 모든 도표가 매트릭스는 아니다). 앞에서 설명했듯이, 매트릭스는 '가로와 세로'를 읽을 수 있어야 한다. 즉 각각의 정보가 연관돼 있거나 그 관계에서 의미를 끌어낼 수 있어야 한다. 그러나 도표는 정보를 보여주는 것에 그친다. 물론 그렇다고 해서 도표가 임의로 선정된 정보나 무작위로 분류된 정보를 보여주기 위한 용도라는 뜻은 아니다.

아래 매트릭스 A에 적힌 각각의 정보는 서로 관련되어 있다. 마케팅이라는 학문을 네 가지 분야로 적절하게 구분했다.

A. 마케팅 구성

제품	홍보
가격	장소(유통)

뒤에 나오는 도표 B의 정보는 일관성이 없다. 무작위로 선택한 것이므로 효과적인 구성이라고 볼 수 없다.

B. 유럽의 의학적 발견

파리	마드리드
런던	암스테르담

위 도표에 언급된 도시들은 아래와 같이 나열하는 편이 더 좋을 것이다.

① 파리

② 런던

③ 마드리드

④ 암스테르담

다음에 나오는 [표 3.3]은 매트릭스처럼 보이지만 사실은 매트릭스가 아니다. 효율성과 효과라는 기준에 의해서만, 즉 세로로만 의미가 통하고 가로 관계에서는 유의미한 것을 찾을 수 없기 때문이다.

표 3.3 정보 도표

효율성	요인 1: 접근성 정보는 쉽게 접근할 수 있고 쉽게 전달될 수 있어야 한다. 핵심 개념: 쉽게 찾을 수 있어야 한다. 핵심어: 얻을 수 있는, 찾을 수 있는	요인 3: 관련성 정보는 그것을 필요로 하는 대상이 있고, 대상과 관련이 있어야 의미가 생긴다. 핵심 개념: 쉽게 적용할 수 있어야 한다. 핵심어: 대상이 있는, 적용할 수 있는, 관계있는	효과
	요인 2: 요약 가능성 정보는 요약된 형태로 보관해야 한다. 핵심 개념: 쉽게 요약할 수 있어야 한다. 핵심어: 간결한, 본질적인, 간추린	요인 4: 맞춤 가능성 정보는 사용자의 스타일이나 요구에 맞게 수정될 수 있어야 한다. 핵심 개념: 쉽게 조정할 수 있는 핵심어: 소유할 수 있는, 형식이 있는, 맞춤형인	

위 도표에는 다음과 같은 설명을 덧붙여야 한다.

오늘날 우리 주변에는 정보가 넘쳐난다. 하지만 모든 정보가 '좋은' 정보인가? 아니다. 접근성, 요약 가능성, 관련성, 맞춤 가능성 이 네 가지 요인을 갖추고 있어야만 효율적이고 효과적인 정보이다.

접근성과 요약 가능성은 정보의 효율성과 관계있다. 관련성과 맞춤 가능성은 정보의 효과와 관계있다. 일상적인 대화에서는 효율과 효과라는 용어를 혼용해서 쓰는 경우가 많지만 정보에 관해서는 쉽게 처리할 수 있는 것을 효율적이라고 하고, 대상의 욕구를 현실적으로 반영할수록 효과적이라고 한다.

정보가 효율적이지 않다면, 이용자가 쉽게 선택하거나 자신의 것으로 만들 수 없다. 정보가 효과적이지 않으면 쉽게 생각해내거나 실현할 수 없다. 이 네 가지 요소를 모두 지닌 정보는 '명확하다'고 볼 수 있다. 이런 정보는 이용하기에 쉽고 편리하기 때문에 사용자의 머릿속에 쉽게 저장된다.

매트릭스 이용하기

이제 직접 문제를 풀어보면서 매트릭스를 이용해보자.

구직: 구직 지원자 35명 가운데 20명은 경력이 7년 이상이고, 23명은 학위가 있고, 3명은 경력이 2년 미만이고 학위도 없다. 경력이 7년 이상이고 학위가 있는 지원자는 몇 명인가?

1단계: 매트릭스를 그리고 주어진 정보를 알맞은 칸에 넣는다. 물음표가 있는 칸에 들어갈 숫자가 우리가 찾고 있는 정보이다.

	경력 7년 미만	경력 7년 이상	
학위가 있는 사람		?	23
학위가 없는 사람	3		
		20	35

2단계: 매트릭스의 가장 오른쪽 칸에 들어가는 수는 각각의 가로줄에 있는 숫자의 합이고, 매트릭스의 가장 아래쪽 칸에 들어가는 수는 각각의 세로줄에 있는 숫자의 합이다. 이것을 이용해서 모든 빈 칸을 채울 수 있다. 일단 계산을 통해 매트릭스의 가장 오른쪽에 있는 빈 칸을 채운다(35-23=12). 그리고 가장 아래쪽에 있는 빈 칸을 계산해서 채운다(35-20=15).

	경력 7년 미만	경력 7년 이상	
학위가 있는 사람		?	23
학위가 없는 사람	3		(35-23=)12
	(35-20=)15	20	35

3단계: 같은 계산법으로 나머지 빈 칸도 채울 수 있다.

	경력 7년 미만	경력 7년 이상	
학위가 있는 사람	(15-3=)12	?	23
학위가 없는 사람	3	(12-3=)9	12
	15	20	35

4단계: 이제 답을 말할 차례다. 우리는 이 매트릭스를 통해, 구직 지원자 중 경력이 7년 이상이고 학위를 가지고 있는 사람은 11명이라는 것을 알 수 있다.

	경력 7년 미만	경력 7년 이상	
학위가 있는 사람	12	(23-12=)11	23
학위가 없는 사람	3	9	12
	15	20	35

다음의 문제들을 매트릭스를 사용해서 풀어보자. 답은 <u>280~283</u>쪽에 있다.

문제 7. 미혼자 비율

대학원에서 물리학을 전공하는 학생의 70%는 남자이고 30%는 결혼을 했다. 결혼한 남학생이 전체의 20%라면, 여학생 중 미혼자의 비율은 얼마인가?

문제 8. 배터리 공장

최근에 생산을 시작한 공장이 있다. 100개의 배터리를 생산할 때마다 그 중 20%는 불량품이 나오고 25%는 품질관리 담당자가 불합격 판정을 내린다. 불량품이 아닌 배터리 중 10%는 담당자의 실수로 불합격 처리된다. 합격 승인을 받은 모든 배터리가 판매된다고 하면 판매된 배터리 중 불량 배터리의 비율은 얼마인가?

문제 9. 용의자 심문

경찰은 유죄와 무죄를 가려내기 위해서 범인을 심문하려고 한다. 심문을 통해서 네 가지 결과를 이끌어낼 수 있다.

①취조 상대는 범죄를 저질렀고 사실을 말한다. 즉 실제로 저지른 범죄를 자백한다. ②취조 상대는 범죄를 저질렀지만 사실을 말하지 않는다. 즉 범죄를 저질렀지만 무죄라고 주장한다. ③취조 상대는 범죄를 저지르지 않았고 사실을 말한다. 즉 저지르지 않은 범죄에 대해 무죄를 주장한다. ④취조 상대는 범죄를 저지르지 않았고 사실을 말하지 않는다. 즉 저지르지도 않은 범죄에 대해 자백한다.

경찰은 과거의 통계를 참고할 수 있다. 통계에 따르면 범죄 용의자를 체포해서 심문했을 때 용의자가 범죄를 저지르지 않았을 가능성이 75%, 진실을 말하지 않을 가능성이 20%, 저지르지 않은 범죄를 자백할 가능성이 2%라고 한다. 이 통계를 기준으로 했을 때 용의자가 실제로 범죄를 저질렀고 진실을 말할 가능성(자신이 저지른 범죄를 고백할 가능성)은 얼마나 되는가?

시각적으로 정리하라

"의사결정-사건 트리(decision-event tree)는 의사결정 과정에서 나올 수 있는 여러 가지 결과를 그림으로 보여준다."

평범한 사람이라면 경범죄, 중죄, 위반, 불법행위와 같은 용어의 차이점이 무엇인지 혼란스러울 것이다. 만약 당신이 판례법을 공부하고 있다면 의사결정 트리를 이용해서 관련 용어들을 정리해보길 권한다. 각 용어들을 법원이 내리는 처벌 강도에 따라서 살펴볼 수 있을 것이다.

다음의 열 가지 용어는 서로 어떤 관련이 있을까?

중범죄   민사상의 권리 침해

위반

불법행위

살인

반역

위법행위

범죄

경범죄

계약위반

'사적인 권리 침해'라고도 하는 민사상의 권리 침해는 개인들 사이에서 발생한다. 계약위반과 불법행위가 이에 속한다. 계약위반은 법적인 합의사항을 누군가가 위반했을 때를 가리키고 불법행위는 폭행처럼 다른 사람에게 상해를 가하는 행동을 가리킨다. 반면 범죄는 조금 더 공적인 문제이다. 주차 위반처럼 경미한 위법행위를 가리킬 때는 위반이라고 하고, 절도처럼 경미한 범죄행위는 경범죄, 살인처럼 중대한 범죄행위는 중범죄라고 한다. 반역은 가장 심각한 위법행위로 간주된다.

물론 이러한 설명이 용어 정리에 큰 도움이 안 된다는 것은 알고 있다. 그래서 범죄 유형과 그에 따른 처벌의 경중을 시각적으로 정리해볼 필요가 있다. [표 3.4]를 참고하자. 의사결정-사건 트리를 이용해 법률 용어들 사이의 관계를 논리적으로 보여주고 있다.

표 3.4 의사결정–사건 트리: 법률 위반행위

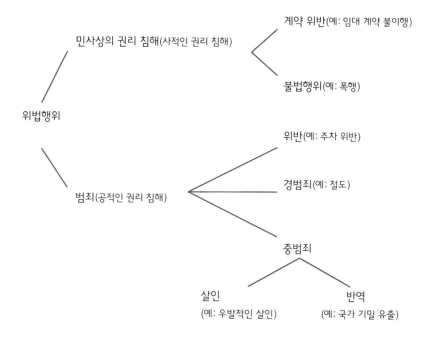

다음에 나오는 [표 3.5]는 동전 하나를 세 번 던졌을 때 나올 수 있는 결과의 수를 보여준다. 동전 하나를 세 번 던졌을 때 나올 수 있는 경우의 수는 여덟 가지이다. 앞-앞-앞, 앞-앞-뒤, 앞-뒤-앞, 앞-뒤-뒤, 뒤-앞-앞, 뒤-앞-뒤, 뒤-뒤-앞, 뒤-뒤-뒤. 이렇게 경우의 수를 축약된 문자로 나열할 수도 있지만, 그림으로 함께 정리하면 훨씬 이해하기 쉽다.

표 3.5 의사결정-사건 트리: 동전 던지기

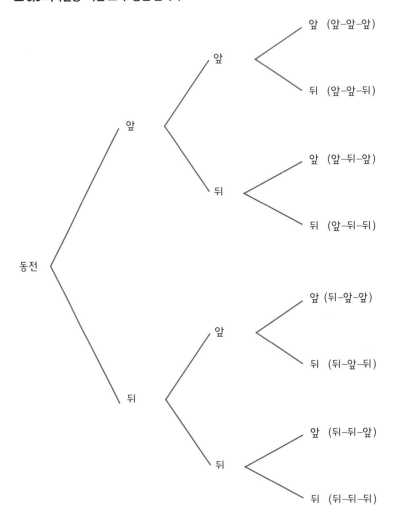

확률을 보여줄 수도 있다

"하나의 확률 트리(probability tree)에서 뻗어 나간 가지들 끝의 숫자를 더하면 1이 되어야 한다. 개별적인 모든 확률의 합이 1인 것과 마찬가지다."

뒤에 나오는 [표 3.6]은 각 경우의 수가 일어날 확률을 보여주고 있다. 맨 마지막 가지에 표시된 수치는 동전 하나를 세 번 연속으로 던졌을 때 나올 수 있는 확률이다(1/2 x 1/2 x 1/2 = 1/8). 맨 마지막 가지들의 확률을 더하면 그 합은 항상 1이다.

표 3.6 확률 트리: 동전 던지기

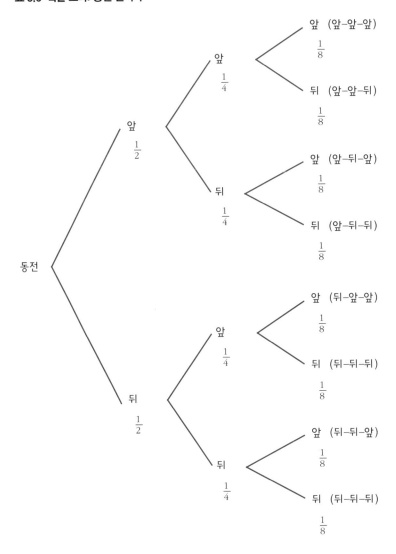

문제 10. 세트 메뉴

레스토랑에서 런치세트 메뉴를 새롭게 선보였다. 손님은 애피타이저(수프, 샐러드), 메인 요리(파스타, 치킨 요리, 생선 요리), 후식(파이, 케이크), 음료(커피, 차)에 해당하는 코스에서 각각 한 가지씩 선택할 수 있다. 손님이 선택할 수 있는 경우의 수를 의사결정 트리로 그려보자. 답은 <u>283~284</u>쪽에 나와 있다.

눈에 보이는
수치로 만들어라

"가중서열(weighted ranking)은 가중평균을 이용해서 결과를 알아보는 방식이다. 각 경우의 가중치를 곱해서 최종 결론을 이끌어낸다. 확률의 경우에는 각 사건에 개별 확률을 곱한 뒤 결과의 합계를 낸다."

사실 가중평균이라는 개념은 상당히 직관적이다. 가중평균을 구하기 위해서는 일단 각 사건에 개별 가중치를 곱한 뒤 결과의 합계를 내야 한다. 여기서 사건이란, 우리가 평가하려고 하는 대상이다. 가중치는 각 사건의 중요도를 가리키며 일반적으로 백분율, 분수, 소수, 확률로 표시한다. 상대적인 중요성에 따라 각 사건들마다 다른 가중치를 부여할 수 있다. 중요한 사건이라면 더 많은 가중치를 부여할 수 있다.

두 가지 사건의 평균 가중치를 구하는 법은 아래와 같다.

가중평균 = (사건 1 x 가중치 1) +(사건 2 x 가중치 2)

또 다른 공식은 다음과 같다.

사건 1 x 가중치 1 = !!
사건 2 x 가중치 2 = xx

!!+xx= 최종 결과

여기 가중서열을 연습해볼 수 있는 문제가 있다. 한 학생이 중간고사 과학시험에서 60점을 받았다. 기말고사 과학시험에서는 90점을 받았다. 중간고사와 기말고사가 똑같이 중요하다고 가정하고, 최종 점수에 각각 50%씩 반영한다고 했을 때 과학 과목의 최종 점수는 몇 점인가?

60 × 50% = 30
90 × 50% = 45
30+45=75

답 : 75점

앞의 조건에서 중간고사와 기말고사의 중요도(가중치)만 다르게 설정해 보자. 중간고사 가중치를 40%, 기말고사 가중치를 60%로 정하면 과학 과목의 최종 점수는 어떻게 달라지는가?

60 x 40% = 24
90 x 60% = 54
24 I 54=78(점)

위의 가중치를 분수나 소수를 이용해서 다음과 같이 표현할 수도 있다.

60 x 40/100 =24
90 x 60/100 =54
24+54=78(점)
60 x 0.4 = 24
90 x 0.6 = 54
24+54=78(점)

개인의 영향력이 객관적인 의사결정을 뒤집을 수 있는 경우는 많다. 직원 채용이나 승진을 결정할 때 그런 일은 종종 일어난다. 이때 가중서열을 이용하면 결정에 관한 의견을 객관적인 양으로 표시할 수 있다.

어떤 회사에 열 명의 판매원이 있다고 해보자. 그 중 한 명을 전국 세일즈 매니저로 임명할 예정이다. [표 3.7]처럼 최고등급을 10으로 정하고, 세 가지 분야에 대해서 1~10까지 각각 후보자의 등급을 매긴다.

표 3.7 판매원별 성과

	전문 기술과 제품에 대한 지식	대인관계 기술과 커뮤니케이션 능력	실적과 업무 성취 능력
앨버트	2	3	7
베티	5	2	6
조지	6	5	9
제드	3	7	1
조노	8	10	3
마서	10	1	2
패트리시아	1	4	8
랜디	9	9	4
사브리나	4	6	10
윌리엄	7	8	5

전문 기술, 대인관계 기술, 실적 등의 세 가지 기준에 대해 각각 0.2, 0.3, 0.5의 가중치를 부여한다(표 3.8 참조). 소수 대신, 백분율(20%, 30%, 50%)이나 분수(2/10, 3/10, 5/10) 또는 정수(2, 3, 5)를 사용할 수도 있다.

표 3.8 가중평균을 이용한 판매원별 성과

	전문 기술과 제품에 대한 지식 가중치=0.2	대인관계 기술과 커뮤니케이션 능력 가중치=0.3	실적과 업무 성취 능력 가중치=0.5	합계
앨버트	2x0.2=0.4	3x0.3=0.9	7x0.5=3.5	4.8
베티	5x0.2=1.0	2x0.3=0.6	6x0.5=3.0	4.6
조지	6x0.2=1.2	5x0.3=1.5	9x0.5=4.5	7.2
제드	3x0.2=0.6	7x0.3=2.1	1x0.5=0.5	3.2
조노	8x0.2=1.6	10x0.3=3.0	3x0.5=1.5	6.1
마서	10x0.2=2.0	1x0.3=0.3	2x0.5=1.0	3.3
패트리시아	1x0.2=0.2	4x0.3=1.2	8x0.5=4.0	5.4
랜디	9x0.2=1.8	9x0.3=2.7	4x0.5=2.0	6.5
사브리나	4x0.2=0.8	6x0.3=1.8	10x0.5=5.0	7.6
윌리엄	7x0.2=1.4	8x0.3=2.4	5x0.5=2.5	6.3

가중치를 부여한 결과 최고등급을 받은 사람은 사브리나이다.

표 3.9 최종 판매원 순위

	전문 기술과 제품에 대한 지식 가중치= 0.2	대인관계 기술과 커뮤니케이션 능력 가중치= 0.3	실적과 업무성취 능력 가중치= 0.5	총점 (숫자가 높을수록 좋음)	순위 (숫자가 낮을수록 좋음)
사브리나	4x0.2=0.8	6x0.3=1.8	10x0.5=5.0	7.6	1
조지	6x0.2=1.2	5x0.3=1.5	9x0.5=4.5	7.2	2
랜디	9x0.2=1.8	9x0.3=2.7	4x0.5=2.0	6.5	3
윌리엄	7x0.2=1.4	8x0.3=2.4	5x0.5=2.5	6.3	4
조노	8x0.2=1.6	10x0.3=3.0	3x0.5=1.5	6.1	5
패트리시아	1x0.2=0.2	4x0.3=1.2	8x0.5=4.0	5.4	6
앨버트	2x0.2=0.4	3x0.3=0.9	7x0.5=3.5	4.8	7
베티	5x0.2=1.0	2x0.3=0.6	6x0.5=3.0	4.6	8
마서	10x0.2=2.0	1x0.3=0.3	2x0.5=1.0	3.3	9
제드	3x0.2=0.6	7x0.3=2.1	1x0.5=0.5	3.2	10

백분율이나 분수, 소수 또는 확률을 계산할 때처럼, 일반적으로 가중치의 합계는 1이나 100%가 된다. 물론 임의적인 가중치를 사용하면 합계가 1이 되지 않을 수도 있다.

체스

체스에서 폰은 1점이고, 나이트와 비숍은 3점, 루크는 5점, 퀸은 9점이다. A 선수는 루크 2개, 나이트 1개, 폰 3개를 가지고 있다. B 선수는 비숍 1개, 폰 4개, 퀸 1개를 가지고 있다. 누가 앞서고 있으며 두 사람의 점수 차이는 얼마인가?

	A 선수	B 선수
폰:	3 × 1 = 3점	4 × 1 = 4점
비숍:		1 × 3 = 3점
나이트:	1 × 3 = 3점	
루크:	2 × 5 = 10점	
퀸:		1 × 9 = 9점
16점		**16점**

답: 두 사람의 점수는 똑같이 16점이다.

열여섯 살 생일

제인은 열여섯 살 생일에 두 명의 삼촌으로부터 각각 500달러씩 받았다. 제인은 이 돈을 두 곳의 은행에 각각 예금했다. 한 은행의 연이율은 6%, 다른 은행의 연이율은 7%였다. 정확히 1년 뒤 제인은 이자로 총 얼마를 받았을까?

$$\$500 \times 6\% = \$30$$
$$\$500 \times 7\% = \underline{\$35}$$
$$\$30 + \$35 = \$65$$

답 : 65달러

다음 문제를 가중평균을 이용해서 풀어보자. 답은 <u>285~286</u>쪽에 있다.

문제 11. 투자자

한 투자자가 세 가지 다른 투자 기회를 두고 고민하고 있다. 첫 번째 투자를 선택하면 9만 달러를 회수할 가능성이 1/6, 5만 달러를 회수할 가능성이 1/2, 6만 달러를 잃을 가능성이 1/3이다. 두 번째 투자를 선택하면 10만 달러를 회수할 가능성이 1/2, 5만 달러를 잃을 가능성이 1/2이다. 세 번째 투자를 선택하면 10만 달러를 회수할 가능성이 1/4, 6만 달러를 회수할 가능성이 1/4, 4만 달러를 잃을 가능성이 1/4, 8만 달러를 잃을 가능성이 1/4이다. 이 투자자가 세 가지 기회에 모두 투자했다고 가정했을 때 예상되는 수익은 얼마인가?

효용성을 따져라

"효용성 분석(utility analysis)은 결과가 얼마나 바람직한가를 기준으로 삼기 때문에 금전적인 이익과는 무관할 수도 있다."

효용성은 '바람직한 정도'를 의미한다. '효용성 분석'은 효용성과 확률을 비교해야 하는 상황에서 유용하다. 즉 두 용어는 처음부터 구분해서 사용해야 하는데, '우리가 원하는 것'이 효용성이라면, 확률은 '원하는 것을 얻을 수 있는 가능성'을 뜻한다.

진로를 고민하고 있는 대학교 4학년 학생의 딜레마를 잠깐 살펴보자. 이 학생은 여행 작가, 외교관, 회사원 이 세 가지 직업 가운데 하나를 선택하고자 한다. '얼마나 보람 있는 일인가?'를 기준으로 했을 때 이 학생은 여행 작가, 외교관, 회사원 순으로 직업을 꼽았다. 이 직업들을 실제적으로 비교하고 평가해볼 수 있는 방법이 있을까? 이 학생에게 가장 바람직한 직업은 무엇일까? 이때 '돈'을 기준으로 비교해보는 것은 타당하지 않다. 이 학생은 '얼마나 벌 수 있는가'보다 '얼마나 하고 싶은 일인가'를 기준으로 생각하고 있기 때문이다. 이럴 때 우리는 기대가치를 사용해볼 수 있다. 기대가치(Expected Value)는 효용성(우리가 원하는 것)과 확률(원하는 것을 얻을 수 있는 가능성)을 곱한 값이다.

	효용성		확률		기대가치
여행 작가	100	×	0.10	=	10
외교관	70	×	0.40	=	28
일반 회사원	40	×	0.50	=	20

여기서는 각각의 직업을 선택할 때 얻을 수 있는 효용성의 최대 수치를 100으로 정하고, 실제로 꿈을 이룰 수 있는 가능성을 확률로 표시했다. 그 결과 '외교관'의 기대가치 수치가 가장 높게 나타났으므로, 객관적인 관점에서 보면 외교관의 길을 선택해야 한다.

그런데 위의 계산에서처럼 실제로 '여행 작가'의 가치는 100이 될 수 있을까? 그럴 수는 없을 것이다. 쉽게 계산하기 위해서 100이라는 기준을

정했을 뿐, 실상 이 기준은 너무나 이상적이다. 사실상 이렇게 완벽한 만족을 선사하는 직업은 찾아보기 힘들다. 어쨌든 깔끔한 수치를 얻고 싶다면 각 효용성의 수치를 10, 20, 30처럼 10의 배수나 딱 떨어지는 수로 정하는 게 좋다.

돈을 효용성으로 두고 생각해볼 수도 있다. 다음의 예를 살펴보자.

지금 막 네 개의 팀이 NBA 챔피언십 준결승에 진출했다. 사람들이 내기를 걸기 시작했다. 과연 당신은 어느 팀을 선택해야 할까. 만약 일정한 참가비를 내야 한다면, 최종 기대가치에서 이 비용을 빼야 정확한 금전적 수치가 나온다. 그러나 이런 고정비용은 효용성 분석 결과에는 별다른 영향을 미치지 못한다. 결국 더 많은 돈을 따고 싶다면 기대가치가 가장 높은 팀을 선택해야 한다.

이제 뒤에 분석해놓은 표를 한번 보자. 이 법칙을 더 확실하게 이해할 수 있을 것이다.

일단 1번 팀이 이길 확률이 가장 높다. 그러나 이겼을 때 금전적 이익이 가장 높은 팀은 4번이다. 기대가치는 어떨까? 기대가치가 가장 높은 팀은 2번이나 3번이다. 이제 당신은 어디에 내기를 걸어야 할까? 고민하지 말자. 당연히 2번이나 3번 팀을 골라야 한다.

(내기)

옵션		효용성		확률		기대가치	
	1번 팀	$200	x	0.50	=	$100	
1번 팀을 선택할 경우	2번 팀	$0	x	0.20	=	$0	$100
	3번 팀	$0	x	0.20	=	$0	
	4번 팀	$0	x	0.10	=	$0	
	1번 팀	$0	x	0.50	=	$0	
2번 팀을 선택할 경우	2번 팀	$600	x	0.20	=	$120	$120
	3번 팀	$0	x	0.20	=	$0	
	4번 팀	$0	x	0.10	=	$0	
	1번 팀	$0	x	0.50	=	$0	
3번 팀을 선택할 경우	2번 팀	$0	x	0.20	=	$0	$120
	3번 팀	$600	x	0.20	=	$120	
	4번 팀	$0	x	0.10	=	$0	
	1번 팀	$0	x	0.50	=	$0	
4번 팀을 선택할 경우	2번 팀	$0	x	0.20	=	$0	$100
	3번 팀	$0	x	0.20	=	$0	
	4번 팀	$900	x	0.10	=	$90	

이미 지불한 비용은
머릿속에서 지워라

"매몰비용(sunk cost)은 미래의 의사결정과 관계가 없다."

휴가 때 사용할 계획으로 500달러짜리 할인 항공권을 샀다고 가정해보자. 이 항공권은 환불이 불가능하다. 그런데 항공권을 구매하자마자 곧바로 중요한 회의가 잡혔다. 몇 개월 동안 준비해왔던 회의였다. 이제 당신은 어떻게 해야 할까? 적지 않은 돈을 주고 산 항공권을 선택할 것인가? 아니면 항공권을 버리고 회의에 참석할 것인가? 이 상황에서 어떻게 하면 가장 논리적으로 의사를 결정할 수 있을까?

경제 이론에 따르면 이미 지불한 과거의 비용(매몰 비용)은 미래의 의사결정에 영향을 미치지 않는다고 한다. 미래의 의사결정에 영향을 미치는 것은 대안이 되는 행동을 했을 때 발생하는 비용과 이익뿐이다. 항공권의 비용은 이미 지불했기 때문에 매몰비용이다. 이것은 당신이 휴가를 가거나 회의에 참석하기로 결정할 때 고려할 사항이 아니다. 이미 지불된 비용이기 때문이다.

비용과 이익을 함께 생각해봤을 때, 회의에 참석해서 얻을 수 있는 이익이 훨씬 크다고 생각되면 여행은 포기해야 한다. 회의에 참석함으로써 대규모 거래처를 확보할 수도 있고 승진 기회나 이직의 기회를 얻을 수도 있다. 이것과 관련된 비용은 회의를 준비하는 데 사용할 시간과 노력, 회의 장소까지 가는 데 필요한 교통비용 등이 될 것이다. 그럼 휴가를 갔을 때 얻게되는 이익은 무엇일까? 여유와 재충전의 기회, 새로운 경험 등이 될 것이다. 이때 발생하는 비용은 숙박비와 여행경비 등이 될 것이다. 이미 지불한 항공권 비용은 어디에도 포함되지 않는다.

합리적으로 생각하려면 매몰비용은 무시해야 한다. 물론 감정적으로 쉬운 일은 아니다. 대부분의 사람들은 매몰비용을 낭비했다는 생각에 사로잡힌 나머지 그 비용을 만회하려고 잘못된 선택을 하곤 한다. 예를 들어 여행을 포기하고 회의에 참석하기로 결정한 후에라도 무의식적으로 손해 본비용을 어떤 식으로든지 메우려고 한다. 회의 결과에 과도하게 집착하거나 그와 관련된 프로젝트나 업무에 더 많은 시간과 돈을 투자하거나 하는 식으로 말이다. 그러나 '손해를 만회하려다 더 큰 손해를 본다'는 말을 기억해야 한다. 매몰비용의 딜레마에 빠져 있다면 이런 질문을 스스로에게 던져보자. "나는 이것에 얼마나 많은 돈과 시간을 투자했는가." 만약 이미 충분한 시간과 돈을 투자했다면 이제 그 프로젝트는 마무리를 향해 나아가고 있거나 앞으로도 순조롭게 진행될 거라는 뜻이다. 더 이상 과도하게 매달릴 필요가 없다.

혹시 프로젝트가 중단된다고 해도, 지금까지 발생한 비용은 그 결과와는 아무 관계가 없다.

대가에 상관없이 스스로 좋아서 하는 일일 경우에는 감정적으로 거리를 두기가 특히 더 어렵다. 그러나 지금까지 투자한 시간, 노력, 돈 등이 매몰비용이라는 점을 항상 인식해야 한다. 객관적인 결정을 내리고 변화를 받아들이기 위해서는 매몰비용에 감정적으로 집착하지 말아야 한다. 아래의 세 가지 사실을 기억하면 매몰비용의 딜레마에서 벗어날 수 있을 것이다.

1) 손실을 줄이기로 한 결정이, 프로젝트의 실패를 의미하는 것은 아니다. 그 당시에는 그 행동이 가장 현명한 결정이었을 수도 있다.
2) 믿을 수 있는 몇몇 사람을 모아 의견을 물어본다. 제3자가 훨씬 객관적인 의견을 줄 수도 있다.
3) 모든 경험은 유익하다는 점을 기억하자. 지금의 경험을 통해 얻은 지식이나 기술, 통찰력으로 앞으로 겪게 될 상황을 훨씬 지혜롭게 헤쳐 나갈 수 있을 것이다.

'만약'을 분석하라

종종 아직 증명되지 않은 주장을 평가해야 할 때가 있다. 가설검증이 필요한 것은 이 때문이다. 전문적인 연구에서 많이 사용하는 방법이지만, 응용할 수 있는 범위는 꽤 넓다. 다음과 같이 일상적인 질문에 이용해볼 수도 있다. 채식주의자는 정말로 오래 사는가? 텔레비전을 보면 폭력적으로 변하는가? 새로 출시된 기적의 두통약은 아스피린보다 효과가 좋은가? 주식중개인은 일반 사업가보다 더 현명하게 주식투자 결정을 하는가? 나는 정말 암에 걸렸는가?

우리는 가설을 증명할 때 하나의 사건이 다른 사건으로 이어지는지, 즉 두 사건 사이에 인과관계가 있는지 묻는다. 인과관계를 밝혀내기 위해서는 이원배치표를 사용해볼 수 있다. 이원배치표는 매트릭스의 일종이다. 두 가지 변수에 따라 정보를 비교하고 네 가지 범주로 구분해보는 방식이다.

직무능력이 평균 이상이면 연봉도 평균 이상일까? 이 질문에 대한 답을 찾기 위해 이원배치표를 이용해볼 수 있다.

직무능력 수준

		높다	낮다	
연봉	높다	30	20	50
	낮다	20	30	50
		50	50	100

일단 정확히 100명을 상대로 조사했다고 가정해보자. 그리고 직무능력이 낮고 연봉도 낮은 사람이 30명, 직무능력이 높고 연봉도 높은 사람 역시 30명이라고 가정해보자. 임의적으로 설정한 수치이긴 하지만, 그렇게 가정했을 때 직무능력과 연봉의 연관성을 보여주는 결과가 전체의 60퍼센트를 차지한다. 평균을 넘어서는 수치이기 때문에 이런 결과가 나왔다면 직무능력과 연봉 사이에 연관성이 있다고 가정할 수 있다.

반면에 각각의 범주에 속한 사람들의 수가 일정한 비율을 이룬다면 결과는 달라진다. 다음의 표를 보자. 직무능력이 높고 연봉이 높은 사람이 25

명이다. 그런데 직무능력이 높지만 연봉은 낮은 사람 역시 똑같이 25명이다. 반대의 경우도 살펴보자. 직무능력이 낮고 연봉이 낮은 사람이 25명인데, 직무능력은 떨어지는데 연봉만 높은 사람 역시 25명이다. 즉 직무능력과 연봉 사이에는 아무런 관계가 없다는 것을 보여준다.

		직무능력 수준		
		높다	낮다	
연봉	높다	25	25	50
	낮다	25	25	50
		50	50	100

주식 중개인 추천

나는 주식 중개인의 도움을 받아 평균 이상의 수익을 거두었다. 주가나 주식 지수 등 그가 알려준 정보들은 정확했다. 하지만 내 친구는 스스로 시장을 예측하려고 한다. 그 결과 계속해서 손해를 보았다. 내가 해줄 수 있는 조언은 이것이다. 스스로 시장을 예측하지 말고 부디 주식 중개인을 통해서 투자 수익을 거두어라.

이 주장을 어떻게 평가할 것인가? 이 가설을 검증하기 위해 실험설계 (experimental design) 방식을 이용할 수 있다. 실험설계를 할 때는 조건들을 미리 계획해놓고, 2×2로 이루어진 9개의 칸으로 된 매트릭스를 사용하는 게 일반적이다.

	정확한 예측	정확하지 않은 예측	예측 합계
주식 중개인	50	150	200
일반 사업가	100	700	800
	150	850	1,000

일단 주식 중개인은 총 200번, 일반 사업가는 총 800번 주가를 예측했다고 가정해보자. 주식 중개인과 일반 사업가가 실제로 예측해본 횟수가 다르기 때문에, 이 경우에는 백분율 계산을 해서 가설을 검증해야 한다. 두 사람의 예측 정확도 비율을 계산하는 방법은 아래와 같다.

주식 중개인 50/200×100=25%

일반 사업가 100/800×100=12.5%

물론 위 표에 나와 있는 숫자들은 허구다. 실험설계 방식을 이해하기 위해 임의적으로 넣어본 것이다. 가설을 제대로 검증하기 위해서는 실험설계를 진행한 후에 추가적으로 통계분석을 해야 하지만 여기서는 이 단계에서 멈추기로 한다.

이 실험설계를 통해서 알 수 있는 사실은 무엇인가. 일반 사업가에 비해 주식 중개인이 두 배 더 높은 비율로 정확한 예측을 한다는 사실(12.5% 대 25%)이다. 즉 일반 사업가보다 주식 중개인이 더 정확하게 시장을 예측한다고 볼 수 있다.

다른 예도 살펴보자. 미란다는 건강검진을 받기 위해 병원으로 가고 있는 중이다. 암에 걸린 게 아닐까 걱정하고 있지만, 실제로 그렇게 되는 경우는 드물다는 것 또한 알고 있다. 그래서 미란다는 '나는 암에 걸리지 않았다'는 가설을 정해놓고 검증해보려고 한다.

일단 검진을 하고 난 후에 일어날 수 있는 네 가지 가능성은 다음과 같다. 실제로 암에 걸렸거나 걸리지 않았거나, 그 사실을 진단을 통해 확인했거나 확인하지 못했거나. 즉 검증해야 하는 가설이 참이거나 거짓일 수 있고, 그 가설을 받아들일 수도 있고 거부할 수도 있다. 이 네 가지 가능성을 표로 나타내면 다음과 같다.

결정		
	수용(A)	거부(R)
가설 참(T)	TA	TR (1종 오류)
가설 거짓(F)	FA (2종 오류)	FR

위 도표에서 TA는 '참인 가설을 받아들인다', TR은 '참인 가설을 부정한다', FA는 '거짓인 가설을 받아들인다', FR은 '거짓인 가설을 부정한다'는 뜻이다. 참인 가설을 부정하는 상태는 1종 오류에 해당하고, 거짓인 가설을 받아들이는 상태는 2종 오류에 해당한다. 이 두 가지 상황을 모두 피하고 싶어 하는 것은 당연하다.

결정		
	수용	거부
가설: 나는 암에 걸리지 않았다 참	나는 암에 걸리지 않았고, 암에 걸리지 않았다고 믿는다.	나는 암에 걸리지 않았지만 암에 걸렸다고 믿는다. (1종 오류)
가설: 나는 암에 걸리지 않았다 거짓	정말로 암에 걸렸지만 암에 걸리지 않았다고 믿는다. (2종 오류)	정말로 암에 걸렸고 실제로 암에 걸렸다고 믿는다.

가설검증을 하는 과정에서 1종 오류와 2종 오류가 발생할 가능성은 항상 있다. 이 두 가지 오류는 항상 하나에 비해 다른 하나가 더 위험하다. '나는 암에 걸리지 않았다'는 가설을 살펴보자. 이 가설이 참인데 받아들이지 않았다면 1종 오류를 저지른 셈이다. 반대로 이 가설이 거짓이었는데 받아들였다면 2종 오류를 저지른 셈이다.

이 가설의 경우에는 1종 오류보다 2종 오류가 야기하는 피해가 훨씬 심각하다. 실제로는 암에 걸렸는데 암에 걸리지 않았다고 믿는다면 죽을 수도 있다. 물론 1종 오류도 해롭기는 마찬가지다. 암에 걸렸다고 생각하는 것만으로 사람은 우울해지기 때문이다. 또한 추가 검사를 계속하면 할수록 지출 비용이 높아지고 체력도 떨어지게 된다.

'피고인은 유죄가 아니다'라는 또 다른 가정을 살펴보자. 이 가설이 참인데 받아들이지 않았다면 1종 오류를 저지른 셈이다. 1종 오류가 발생하면 무고한 사람이 유죄판결을 받게 된다. 반대로 이 가정이 거짓이지만 그대로 받아들여서 2종 오류를 저질렀다고 생각해보자. 그렇게 되면 유죄인 사람이 풀려나게 된다. 여기서는 1종 오류가 2종 오류보다 더 심각하다. 열 명의 죄인을 놓친다고 해도, 한 명의 죄 없는 사람을 벌할 수는 없기 때문이다.

	결정	
	수용	**거부**
참	피고인은 유죄가 아니고 배심원 역시 유죄가 아니라고 판결했다.	피고인은 유죄가 아니지만 배심원은 유죄라고 판결했다.(1종 오류)
거짓	피고인은 유죄지만 배심원은 유죄가 아니라고 판결했다. (2종 오류)	피고인은 유죄이고 배심원 역시 유죄라고 판결했다.

가설: 피고인은 유죄가 아니다

모든 연구 명제는 이런 식으로 분석해야 한다. '가설이 참이라고 했을 때 그 가설을 받아들이지 않으면 어떤 결과가 나타나는가? 가설이 거짓이라고 했을 때 그 가설을 받아들이면 어떤 결과가 나타나는가?' 항상 이렇게 물어봐야 한다. 1종 오류와 2종 오류 중 어떤 오류가 더 자주 일어날지는 이 질문에 따라 달라진다.

1종 오류와 2종 오류 중 어느 쪽이 더 심각할지는 알 수 없다. 질병이나 생사가 걸린 문제라면 2종 오류가 더 위험하다. 사법 제도 내에서 특히 재판에 관한 경우라면 1종 오류가 더 위험하다. 그러나 비즈니스 분야에서는 두 가지 오류 중 어느 쪽이 더 위험한지 알 수 없다. 1종 오류가 대부분 금전적인 손실이나 당혹스러운 상황을 일으킨다면, 2종 오류는 기회상실로 나타나기 때문이다.

■ **참고:** 앞에서 우리는 '나는 암에 걸리지 않았다', '피고는 유죄가 아니다'
는 부정문 형식의 가설을 살펴봤다. 과학과 통계 분야에서는 항상
부정문 형식의 가설을 세운다. 긍정적인 가설이 사실인지 증명하
는 것보다 부정적인 가설의 오류를 입증하는 게 더 쉽기 때문이다.
만약 당신이 긍정문 형식의 가설을 세웠다면, 1종 오류와 2종 오류
가 바뀐다는 사실을 기억해야 한다. 기존의 1종 오류는 2종 오류가
되고, 2종 오류는 1종 오류가 된다.

죄수의 딜레마를 기억하라

"죄수의 딜레마(prisoner's dilemma)를 통해 알 수 있는 것은, 경쟁할 때보다 협력했을 때 더 뛰어난 성과를 낼 수 있다는 사실이다."

두 명의 위조지폐범 용의자가 붙잡혔다. 경찰은 말을 맞추지 못하도록 그들을 각각 다른 감방에 가두고 그들의 근거지를 철저하게 수색했다. 하지만 지폐를 위조한 기계는 어디에도 보이지 않았다. 지폐를 위조했다는 심증은 있었지만 두 사람 모두 알리바이가 있었다. 자백이 필요한 시점이었다.

경찰은 용의자들에게, 먼저 자백한 사람에게는 면책권을 주겠다고 제안했다. 즉 먼저 자백하면 자신은 풀려나는 대신 다른 용의자는 10년형을 받게 된다. 만약 두 사람 다 침묵한다면 위조지폐를 가지고 있었다는 죄목으로 각각 3년형을 받게 된다. 두 사람 모두 자백했을 경우에는 법의 형평성에 따라 각각 7년형을 받게 된다.

두 용의자에게 일어날 수 있는 경우의 수는 다음과 같다.

	공범이 침묵하는 경우	공범이 자백하는 경우
내가 침묵하는 경우	둘 다 각각 3년형을 받는다.	공범은 풀려나고 나는 10년 형을 받는다.
내가 자백하는 경우	나는 풀려나고 공범은 10년 형을 받는다.	둘 다 각각 7년 형을 받는다.

만약 당신이 용의자 중 한 명이라면 어떤 선택을 하겠는가?

우선 공범이 어떻게 할지를 생각할 것이다. 두 사람 모두 침묵하기로 했다고 해보자. 실제로 두 사람 다 침묵을 지킨다면 각각 3년형을 받을 것이다. 하지만 내가 배신하고 자백을 한다면? 나는 풀려나게 된다. 그러니 공범이 침묵을 지킬 것 같다면 나는 자백하는 편이 훨씬 유리하다. 어쨌든 풀려나기 때문이다.

만약 공범이 자백할 경우에는 어떻게 될까? 나만 침묵을 지킨다면 혼자서 10년형을 받게 될 것이다. 하지만 나도 같이 자백한다면 7년형을 받게 된다. 그러니 공범이 자백할 것 같은 생각이 든다면, 나도 같이 자백하는 편이 유리하다.

이 결과만 놓고 따져봤을 때는, 공범이 어떤 태도를 선택하든 나는 자백해야 유리한 것처럼 보인다. 하지만 여기에는 숨겨진 함정이 있다. 사실 두 사람 다 침묵하면 각각 3년형만 받을 수 있기 때문이다!

이런 상황을 죄수의 딜레마라고 한다. 경제학자 알버트 터커A.W.Tucker가 1950년에 처음 이 이론을 소개했다. 하지만 경찰은 예전부터 이런 방식을 사용해왔다. 범인들도 마찬가지다. 그들에게 이것은 흥미로운 협상 게임 중 하나였다.

죄수의 딜레마는 일종의 혼합동기 게임(mixed-motive game)이다. 즉 양쪽이 서로 협력해서 난관을 함께 벗어날 수도 있고, 경쟁을 해서 상대방보다 유리한 입장에 설 수도 있다. 협력과 경쟁이라는 두 가지 요소가 동시에 주어지기 때문에 여러 가지 욕망이 뒤엉켜서 상황이 복잡해진다. 즉 자신의 선택이 어떤 결과를 불러일으킬 수 있지만, 다른 사람의 선택 역시 그 결과에 영향을 미치기 때문에 상황을 예측하기가 어려워진다.

죄수의 딜레마 게임은 개인과 그룹의 대결이라고도 볼 수 있다. 각각의 개인은 자신이나 그룹에 유리한 선택을 할 수 있다. 만약 그룹의 모든 구성원이 똑같이 협력한다면 모든 구성원이 이익을 얻는다. 그러나 몇몇 구성원이 개별적으로 행동한다면, 결과적으로 그렇게 행동하지 않은 다른 사람들이 피해를 입게 된다. 즉 착한 사람이 꼴등으로 들어오게 되는 것이다.

앞에 나온 위조지폐범 용의자들의 딜레마를 정리하면 다음과 같다.

	상대가 협조한다 (침묵한다)	상대가 협조하지 않는다 (자백한다)
나는 협조한다 (침묵한다)	둘 다 이익 (각각 3년형을 받음)	나는 손해, 상대는 이익 (나는 10년형, 공범은 석방)
나는 협조하지 않는다 (자백한다)	나는 이익, 상대는 손해 (나는 석방, 공범은 10년형)	둘 다 손해 (각각 7년형을 받음)

양쪽이 협력하면 함께 보상을 받는다. 양쪽이 똑같이 결심을 바꾸면 함께 처벌을 받는다. 한 사람은 협력하고 다른 한 사람이 배신하면 협력한 쪽이 패배하고(바보 혹은 의리남이 된다), 협력하지 않은 쪽은 승리한다(그렇지만 배신자이다). 죄수의 딜레마 게임에서 승자의 이익은 패자의 이익보다 항상 크다(이 경우에는 징역형이 낮아진다).

앞에서 강조한 것처럼, 협력했을 때 얻을 수 있는 이익의 합계는 협력하지 않았을 때 얻는 이익의 합계를 뛰어넘는다. 두 공범이 협력하면 각각 3년씩 총 6년의 징역형을 받는다. 두 공범이 서로 협력하지 않는다면 각각 7년씩 총 14년의 징역형을 받게 된다. 한 사람은 협력하고 다른 한 사람은 협력하지 않았을 때 한쪽은 석방되고 다른 한쪽은 10년 형을 받게 된다. 이럴 경우 결과의 합계는 10년이다.

이런 딜레마에서는 기대감이 큰 역할을 한다. 만약 한 사람이 협력했는데 다른 한 사람이 배신했다면 이제 두 사람의 관계는 시험대에 오르게 된다. 예를 들어 사업 파트너 중 한 사람이 생각만큼 사업에 도움을 주지 못한다면 한번쯤 모든 것을 새롭게 조정해야 할 것이다. 파트너십 관계에 있는 두 사람이 공동의 목표에 반하는 개인의 목표를 추구한다면 두 사람은 당장이라도 '이별'할 가능성이 있다. 하지만 두 사람 다 관계가 긴밀해지는 데 기여한다면 끈끈한 '사업 로맨스'가 생겨날 수도 있다.

Part 4

논증이란 무엇인가

논증을 의심하면
진실이 보인다

난폭한 힘은 참을 수 있어도 난폭한 이성은 참아줄 수 없다.

지성을 내세워서 뒤통수를 후려치는 것은,

불공정하게 이성을 사용하는 방식이다.

― 오스카 와일드Oscar Wild ―

훑어보기

논증에 대하여

이 책에서 다루고 있는 논증(argument)은, 논리학에서 말하는 '어떤 증거로 입증되는 주장이나 진술'이다. 친구나 가족, 다른 사람과 벌이는 격렬한 언쟁과는 다르다.

'오늘은 날씨가 정말 좋다'는 하나의 주장이지만 논증은 아니다. 진술을 뒷받침하는 논거가 없기 때문이다. 이 문장을 '오늘은 날씨가 정말 좋다. 거의 다섯 시간째 햇빛이 쏟아지고 있다'라고 바꾼다면 논증이 된다. '날씨가 정말 좋다'는 주장을 '거의 다섯 시간째 햇빛이 쏟아지고 있다'라는 논거로 뒷받침하고 있기 때문이다.

논증을 구성하는 세 가지 요소로는 결론과 논거, 전제가 있다.

결론 : 저자나 작가, 화자가 말하는 주장이나 이야기의 핵심을 뜻한다.

논거 : 저자나 작가, 화자가 자신의 결론을 뒷받침하기 위해 사용하는 사실이나 사례, 통계, 조사, 기타 정보나 자료를 뜻한다.

전제 : 화자가 자신의 주장이 옳다고 주장할 때 그 근거로 믿고 있는 사실이다. 화자는 이미 자신의 전제가 옳다고 믿기 때문에 전제를 따로 언급하지 않는다.

논증의 틀

"논거에 전제를 더하면 결론이 된다. 전제는 논거를 결론에 붙여주는 접착제다."

논증 구조를 구성하는 세 가지 요소의 관계를 등식으로 나타내면 다음과 같다.

결론 = 논거+전제
또는,
결론 − 논거 = 전제

결론과 논거 찾기

종종 논증 안에서 논거와 결론을 혼동할 때가 있다. 그럴 때는 논거를 가리키거나 결론을 나타내는 특정한 지시어에 주목하자. 예를 들어 "경기가 좋아지고 있기 때문에 이번 기회에 자동차를 한 대 사려고 해"라는 말을 들었다고 해보자. 이때 논거는 무엇일까? '경기가 점점 좋아지고 있기 때문에' 바로 이 부분이다. '때문에'는 논거에 붙는 말이기 때문이다. 결론은 무엇인가. '자동차를 한 대 사려고 해' 이 부분이다. 이 경우에는 '자동차를 한 대 사려고 해. 경기가 점점 좋아지고 있으니까'라고 문장의 앞뒤를 바꿔도 그 뜻은 똑같다.

다음의 표를 살펴보자. 논거와 결론을 말할 때 일반적으로 사용되는 지시어들이 나와 있다. 논리를 펼칠 때, 이러한 지시어들을 사용하는 게 좋다.

논거를 나타내는 지시어	결론을 나타내는 지시어
• 이므로	• 결과적으로
• 지시하는 바와 같이	• 분명히
• 나타난 바와 같이	• 그 결과로써
• 때문에	• 그렇기 때문에
• 왜냐하면	• 결론적으로
• 고려했을 때	• 그래서
• -인 까닭에	• 그러므로
• -의 이유는	• 따라서

물론 지시어들이 숨어 있는 경우도 있다. 항상 지시어에 의존해서 논거와 결론을 찾아낼 수 있는 것은 아니다.

전제 찾기

결론과 논거는 겉으로 드러나는 반면 전제는 항상 숨어 있다. 저자나 화자는 전제를 언급하지 않는다. 그것은 그들의 머릿속에 존재하고 있다.

전제와 추론

비판적으로 생각하는 것에 익숙해지려면 추론할 수 있는 명제와 그럴 수 없는 명제를 구분할 줄 알아야 한다. 일단 추론과 전제라는 용어를 비교해보자. 전제는 겉으로 드러나지 않는 가정으로써, 논증에 꼭 필요한 요소다. 그것은 논증을 살아 움직이게 하는 숨겨진 고리 같은 것이다. 반면에 추론은 논리적인 확장이다. 논리적으로 추론할 수 있는 명제는 대부분 논증이나 진술, 지문을 바탕으로 하고 있다.

우리는 일상생활에서 종종 허술한 논리를 펼치곤 한다. "최근에 비가 많이 내렸다"는 사실을 내세워 "우산 판매량이 늘어나고 있다"는 추론을 펼치고, "날씨가 점점 쌀쌀해지고 있다"는 사실을 내세워 "아이스크림 판매량이 떨어지고 있다"는 추론을 펼친다. 즉 설득력을 얻기 위해서 '가장 진실처럼 보이는 것'을 선택해 추론을 펼친다. 하지만 이런 추론은 논리적이라고 볼 수 없다. 논리적인 추론은, '가장 진실처럼 보이는 것'보다 한층 더 날카롭고 촘촘한 올가미 같은 것이다.

다음 문장을 살펴보자. "우리 제품을 구매하세요. 시장에서 가장 저렴합니다." 이 문장에서 결론은 "우리 제품을 구매하세요."이다. 그리고 이 결론을 뒷받침하기 위해서 "시장에서 가장 저렴합니다"라는 논거를 덧붙였다. 그렇다면 숨겨진 전제는 무엇일까? 바로 '구매 결정에 가장 큰 영향을 미치는 것은 가격이다'라는 생각이다.

위 문장을 보고 자칫하면 '다른 가게의 제품들은 모두 비싸다'라고 가정해버리기 쉽지만, 논리적으로 생각하는 사람이라면 잘못된 가정을 믿는 대신 제품 가격이 실제로 어떠한지 알아볼 것이다. 즉 논리적으로 증명할 수 있는 명제를 전제라고 믿는 실수를 저지르지 않을 것이다.

여기 추론 능력을 높이는 데 유용한 문제가 나와 있다. 답은 <u>286~288</u>에 있다.

문제 12. 리틀 이탈리아

안토니오는 데본 시에서 '리틀 이탈리아'를 운영하는 유명한 이탈리안 요리사다. 푸드 컨설턴트 네 명 중 세 명이 안토니오의 레스토랑을 추천했다. 데본 시의 식음료연합회 역시 '리틀 이탈리아'가 다른 레스토랑에 비해 결코 뒤지지 않는다고 발표했다. 레스토랑을 찾는 손님도 많다. 안토니오의 레스토랑을 찾는 고객들은 2대 1의 비율로 안토니오의 요리 스타일을 선호한다.

다음 중 위 글을 읽고서 합리적으로 추론할 수 있는 내용은 무엇인가?

① '리틀 이탈리아'는 식음료연합회가 선정한 데본 시 최고의 이탈리안 레스토랑이다.
② 안토니오는 이탈리아 음식을 요리하기를 즐긴다.

③ 푸드 컨설턴트는 다른 레스토랑보다 안토니오의 레스토랑을 추천하고 있다.

④ '리틀 이탈리아'를 찾는 고객들은 다른 이탈리안 레스토랑의 요리 스타일보다 안토니오의 요리 스타일을 선호한다.

⑤ 레스토랑에서 가장 인기 있는 메뉴는 스파게티이다.

⑥ 안토니오는 좋은 식재료를 사용해 음식을 만든다.

⑦ '리틀 이탈리아'는 수익성이 좋다.

⑧ 다른 도시로 이사한다면 안토니오는 이탈리안 음식 전문가로서 명성을 얻을 수 있을 것이다.

⑨ '리틀 이탈리아'의 음식 가격은 상대적으로 비싸다.

⑩ 안토니오는 이탈리안 음식 요리사로서 명성을 얻기 위해 많은 시간을 쏟았다.

믿을 만한 논증인지 분석하기

"논증을 공격하는 방법은 두 가지다. 논거 공격하기와 전제 공격하기."

논증을 평가하려면 논증의 각 요소를 적극적으로 분석해야 한다. 논거가 얼마나 타당한가? 핵심 전제는 얼마나 타당한가? 물론 논거와 전제를 구분할 수 있어야 한다.

논증의 요소	표현방식	설명 유무
결론	명시	공개적으로 언급한다.
논거	명시	공개적으로 언급한다.
전제	암시	논증을 제시하는 사람의 머릿속에 들어 있다.

이제 논증을 공격하고 평가해보는 연습을 해보자. 각 문제를 읽고 빠진 부분(결론, 논거, 전제)을 생각해본 다음 해답을 읽어보자.

① 도로시의 대학 입학시험

논증: 도로시는 대학 입학시험에서 높은 점수를 받았기 때문에 분명히 대학생활을 성공적으로 해나갈 것이다.

결론:

논거:

전제:

(해답)

결론: 도로시는 분명히 대학생활을 성공적으로 해나갈 것이다.

논거: 도로시는 대학 입학시험에서 높은 점수를 받았다.

전제: 대학 입학시험을 잘 보면 성공적인 대학생활을 할 수 있다.

이 논증을 평가해보자.

• 논거 공격하기

도로시는 정말로 대학 입학시험에서 높은 점수를 받았는가? 어느 정도의 점수를 받아야 높다고 말할 수 있는가? 즉 화자는 도로시가 실제로 몇 점을 받았고 그 점수가 실제로도 높은 점수인지 증명해야 한다.

- **전제 공격하기**

화자는 높은 입학시험 점수를 받으면 대학에 합격할 수 있고, 대학생활
도 성공적으로 해나갈 수 있을 거라고 가정한다. 하지만 입학심사에서
는 시험점수뿐 아니라 지원자의 에세이, 특별활동 내용, 추천서, 인터뷰
등 다른 요인들도 검토한다. 둘째, 성공적인 대학생활을 위해 필요한 능
력과 시험볼 때 필요한 능력은 다르다. 시험은 혼자서 보기 때문에 그
것으로 도로시의 사회성을 판단할 수는 없다. 동기나 자립심, 안정적인
정서 등 다른 요인들은 어떨까? 도로시는 대학 입학시험에서는 두각을
나타냈지만 대학생활을 성공적으로 해나가는 데 필요한 자질은 부족할
지도 모른다.

② **핀란드**

논증: 핀란드는 세계에서 과학 기술이 가장 발달한 나라다. 핀란드의
     1인당 휴대전화 보유 대수는 세계 최고다.

결론:

논거:

전제:

(해답)

결론: 핀란드는 세계에서 과학 기술이 가장 발달한 나라다.

논거: 핀란드의 1인당 휴대전화 보유 대수는 세계 최고다.

전제: 국민들이 가지고 있는 휴대전화 대수야말로 한 나라의 과학 기술
　　　이 얼마나 발달했는지 알려주는 가장 중요한 기준이다.

이 논증을 평가해보자.

• 논거 공격하기

국민들이 실제로 휴대전화를 사용하고 있는가? 휴대전화의 모든 기능
을 사용할 줄 아는가? 핀란드의 휴대전화는 기술적으로 뛰어난가?

• 전제 공격하기

개인이 보유하고 있는 휴대전화의 개수가 과학 기술의 발달을 알아보
는 최고의 기준은 아니다. 데스크톱의 보유비율이나 컴퓨터 소프트웨어
사용능력, 첨단 장비를 생산하는 능력이 더 정확한 기준이 될 수 있다.

③ 세상을 긍정적으로 바라보기

논증: 아니타에게. 최근에 저의 고등학교 친구들과 연락이 닿았어요. 다
　　　들 잘 지낸다는 소식을 듣고 정말 기분이 좋았지요. 어제만 해도
　　　그때 친구들이었던 폴이랑 맥신과 이야기를 나눴어요. 정말 유쾌

한 시간이었어요. 최근에 당신이 우울해한다는 이야기를 들었어요. 당신도 고등학교 친구들에게 전화를 한번 걸어보세요. 생각보다 기분이 좋아질 거예요. 조만간 통화해요. 빌.

결론:

논거:

전제:

(해답)

결론: 고등학교 친구들에게 전화를 한번 걸어보세요. 생각보다 기분이 좋아질 거예요.

논거: 최근에 저의 고등학교 친구들과 연락이 닿았어요. 다들 잘 지낸다는 소식을 듣고 정말 기분이 좋았지요. 어제만 해도 그때 친구들이었던 폴이랑 맥신과 이야기를 나눴어요. 정말 유쾌한 시간이었어요. 최근에 당신이 우울해한다는 이야기를 들었어요.

전제: 고등학교 친구들에게 전화를 거는 방법이 아니타에게도 효과가 있을 것이다.

이 논증을 평가해보자.

- **논거 공격하기**

아니타는 정말 우울할까? 빌의 친구들은 실제로 잘 지내고 있을까? 폴과 맥신은 정말로 빌의 고등학교 친구들일까?

- **전제 공격하기**

아니타에게 고등학교 친구들이 있을까? 그녀의 고등학교 친구들도 빌의 친구들처럼 잘 지내고 있을까? 아니타는 고등학교 친구들이 잘 지내고 있다는 소식을 듣고 빌처럼 기분이 좋아질까? 아니면 질투심 때문에 오히려 기분이 나빠질까?

④ 편의점과 대형 식료품점 비교

논증: 가격이 10%나 싸기 때문에 편의점보다는 대형 식료품점에서 물건을 구매해야 한다.

결론:

논거:

전제:

(해답)

결론: 대형 식료품점에서 물건을 구매해야 한다.

논거: 편의점보다 가격이 10% 싸다.

전제: 식료품을 구매할 때 결정적인 영향을 미치는 것은 가격이다.

이 논증을 평가해보자.

- **논거 공격하기**

대형 식료품점의 가격이 10% 더 저렴한 것은 사실인가? 증거가 필요하다. 그 주장을 뒷받침하기 위해서는 구매 영수증을 살펴봐야 한다. 모든 논거가 실제로 타당하다고 무작정 믿어서는 안 된다. 품질은 어떤가? 제품의 품질이 다르다면, 품질이 좋은 제품의 가격이 높은 것은 당연하다.

- **전제 공격하기**

구매 장소를 결정할 때 가격만을 고려할 거라는 전제는 타당한가? 매장 위치나 고객서비스가 더 중요한 요인이 될 수 있다. 혹은 구매하려는 물품의 종류나 매장 외관, 청결도, 인지도가 결정을 좌우할 수도 있다.

논증을 분석할 때
자주 저지르는 다섯 가지 오류

"사과를 오렌지와 비교하는 것, 적은 수의 표본을 과도하게 일반화하는 것, 관련이 있는 논거를 무시하는 것, 원인과 결과를 혼동하는 것, 계획을 실행에 옮겼을 때 실제로 발생할 수 있는 문제점을 간과하는 것. 이것들이 비판적 사고를 할 때 가장 흔하게 저지르는 다섯 가지 오류이다."

추론을 할 때 저지를 수 있는 오류는 대부분 전제와 관련 있다. 위에서 언급한 다섯 가지 오류도 마찬가지다. 첫 번째 예는 '비교와 유추 전제 오류'이다. 비교할 때는 논리적으로 동일한 조건의 두 가지 대상을 비교해야 한다. 사과는 사과끼리, 오렌지는 오렌지끼리 비교해야 하는 것이다. 두 번째는 대표성 전제 오류이다. 적은 수의 표본이나 예외적인 경험을 지나치게 일반화할 때 발생한다. 하나의 표본이 전체를 대표한다고 가정하면서 논증을 펼칠 때, 만약 그 표본이 실제로는 전체를 대표하지 못할 경우 논증은 무너지게 된다. 세 번째는 좋은 논거 전제 오류이다. 자신이 선택한 전제를 무조건 옳다고 믿을 때 발생한다. 네 번째는 인과관계 전제 오류이다. 원인과 결과를 혼동하거나 적절한 논거 없이 하나의 사건이 다른 사건의 원인이라고 가정할 때 발생한다. 다섯 번째는 실행 전제 오류이다. 계획을 실행할 때 앞으로 발생할 수 있는 문제점을 전혀 예상하지 못하거나 큰 방해물 없이 계속 실행할 수 있다고 가정할 때 발생한다.

비교와 유추 전제 오류

우리는 무언가를 비교할 때 사람이나 장소, 사물, 상황을 기준으로 삼는다. 혹은 유추의 방식으로 비교할 때도 있다. 유추란 무엇인가? 두 사물의 공통점이 한 가지 이상이기 때문에 그 외의 다른 점에서도 비슷할 거라고 생각하고 비교를 시작하는 것이다. 단순하게 말하자면, 동물(주로 실험쥐)의 생물학적 실험 결과를 인간에게 적용시킬 때나 다른 시간대에 일어난 두 가지 상황이나 사건을 비교할 때도 유추를 사용할 수 있다. 즉 과거에 효과가 있었던 방법이 앞으로도 효과가 있을 것이라고 예상하는 것이다. 넓게 보면 국제법 역시 역사적인 선례를 바탕으로 하고 있다.

비교나 유추의 전제 오류를 공격하기 위한 전략은 다음과 같다.

상황	공식	비교를 공격하는 방법
두 대상이 동일하거나 거의 동일할 경우	Does A = B?	A가 B와 다르다는 것을 밝히고, 그렇기 때문에 비교나 유추의 근거가 약하다는 점을 보여준다.
두 대상이 다를 경우	Does A ≠ B?	A가 B와 비슷하다는 것을 밝히고, 그렇기 때문에 비교나 유추의 근거가 약하다는 점을 보여준다.

두 대상이 비슷할 때는, 사실은 두 대상이 같지 않다는 점을 보여주어서 논거를 공격해야 한다. '마서는 나이프와 포크 세트를 판매하는 데 큰 실력을 발휘했다. 그러니 그녀를 승진시켜서 아파트 분양 건을 맡기면 좋을 것이다'는 의견에 대해 한번 생각해보자.

이 추론의 전제는 다음과 같다. '제품을 판매할 때 가장 필요한 능력은 판매 기술이다. 무엇을 판매하느냐는 부차적인 문제다.'

이 논증을 어떻게 공격할 수 있을까? 일단 나이프와 포크 세트를 판매하는 것과 고가의 아파트를 판매하는 것은 다르다는 점을 보여줘야 한다. 한 가지 제품을 파는 것에 능숙한 사람은 오히려 다른 제품을 파는 것에 서툴 수 있다. 우리 주변에서도 어떤 분야에서 성공을 거둔 사업가가 업종을 바꾸어서 실패하는 경우를 종종 찾아볼 수 있지 않은가.

비교하고 있는 두 대상이 다를 때는, 사실은 두 사물이 같다는 점을 보여주면서 공격해야 한다. 두 명의 열렬한 스포츠 광이 맥주를 마시며 이야기를 나누고 있다. 이윽고 한 사람이 이렇게 말한다. "요즘 선수들을 과거의 선수들과 비교할 수는 없지. 비교 자체가 불가능해. 마크 스피츠는 1967년 멕시코시티 올림픽 수영종목에서 7개의 금메달을 땄지만 지금이라면 불가능하지. 그 실력으로는 현재 올림픽에도 출전할 수 없을 걸."

이 의견을 반박하려면 어떻게 해야 할까? 요즘 선수들과 과거 선수들의 비슷한 실력을 보여주면 된다. 골프선수 잭 니클라우스는 1965년 미국 오거스타 CC에서 열린 마스터스 대회에서 총 271타를 치면서 최종 우승했다. 그리고 2013년 우승자인 애덤 스코트는 279타를 쳤다. 즉 두 선수 모두 비슷한 실력으로 우승을 거머쥐었다. 이런 방식으로 두 명의 선수를 비교하면 상대방의 주장에 이의를 제기할 수 있을 것이다.

두 가지 대상을 비교할 때, 특히 다른 시간대의 대상을 비교할 때는 각각의 정보수집 기술과 수집된 데이터의 질을 진짜로 비교할 수 있는지 의심해봐야 한다. 1940년대의 근로 만족도와 현재의 근로 만족도를 비교하는 보고서는 의심스럽다. 어떤 상황에서 정보를 수집했는지, 그 두 상황이 같은지 확인할 수 없기 때문이다.

또한 하나의 논증에 사용된 단어(용어)와 그 의미의 범위를 일정하게 제한해야 한다. 도시의 공기가 20년 전에 비해 열 배나 나빠졌다는 기사가 나왔다고 해보자. 오염물질이 실제로 많아졌을 수도 있다. 하지만 정확히 열 배는 아닐지도 모른다. 게다가 오염물질이라는 항목에 공기뿐 아니라 물, 소음, 쓰레기를 포함시켰다면 이 논증은 타당성을 잃게 된다.

대표성 전제 오류

대표성 전제는 유추 전제와는 다르다. 유추 전제가 두 대상을 수평으로 나란히 놓고 비교하는 것이라면, 대표성 전제는 더 작은 대상을 더 큰 전체와 비교하는 것이다. 즉 대문자 A와 B를 비교하는 게 유추 전제라면, 대문자 A와 소문자 a를 비교하는 것은 대표성 전제다.

대표성 전제 오류는 하나의 작은 표본이 '전체'를 대표한다고 가정할 때 발생한다. 누구나 한 번쯤 이런 말을 들어봤을 것이다. "B 레스토랑을 추천할게. 지금까지 세 번 가봤는데 갈 때마다 음식이 괜찮았어."

이 주장은 대표성 전제 오류를 범하고 있다. 화자가 B 레스토랑의 모든 음식을 맛본 것은 아니기 때문이다. 표본이 대표성을 가지려면, 양적인 면과 질적인 면을 모두 대표할 수 있어야 한다. 양적인 면을 충족하려면 표본의 수가 충분히 많아야 한다. 하나 혹은 두 개로는 대표성을 획득할 수가 없다. 질적인 면을 충족하려면 표본의 종류가 다양하거나 무작위로 선택한 표본이어야 한다.

"여행객 4명 가운데 3명이 모로코를 추천합니다!"

말은 그럴싸하다. 하지만 사실은 여덟 명을 대상으로 진행한 설문조사이고, 그 가운데 여섯 명이 모로코를 추천한 것일 수도 있다. 그럴 경우 위와 같은 논리를 펼치기에는 여행객의 표본 규모가 너무 작다. 이번에는 설문대상자를 수백 명으로 늘려보자. 그런데 설문에 응한 관광객이 모두 아프리카 출신이었다면? 혹은 아프리카 여행 예약을 전문으로 하는 여행업체의 직원들이었다면? 표본의 크기가 수백 명으로 커졌다고 해도 위 주장에 대한 의심을 거두기는 힘들다. 결국 여행객 4명 중 3명이 모로코를 추천한다는 여행사의 주장은 신빙성을 잃게 될 것이다.

대표성과 관련된 상황을 판단할 때는, 특정한 인물이나 장소, 대상 등이 '전체'를 제대로 대표하고 있는지 살펴봐야 한다. 이때 표본의 규모보다는 표본의 다양성이 적합한지 판단하는 게 훨씬 더 까다롭다. 만약 표본이 타당한 다양성을 지니고 있지 않다면 표본의 규모가 아무리 커도 논거로 사용할 수 없다.

현실에서 주목할 만한 표본조사 사례가 있다. 바로 갤럽 여론 조사이다. 이 여론 조사 업체의 주된 업무는 가장 유력한 선거 후보자를 예측하는 일이다. 그들은 특정 후보 혹은 정치 이슈에 대한 국민들의 의견을 알아보기 위해 나이, 교육 수준, 성별, 지역, 직업, 인종, 종교 등을 바탕으로 하위 범주를 나누고 타당한 자료를 수집한다. 몸무게, 머리색 등 관련 없는 하위 범주는 제외한다. 그리고 통계의 정확성을 위해서 언제나 표본 크기는 1,800명으로 제한한다.

좋은 논거 전제 오류

논증은 타당한 논거를 바탕으로 해야 한다. 물론 자신의 의견과 반대되는 논거는 무시하고 자신의 의견을 옹호하는 논거만 선택하고 싶은 게 인간의 본능이다. 예를 들어 계속 담배를 피우고 싶은 사람이라면, '흡연은 긴장을 풀어주고 다이어트에 유용하다'처럼 자신의 바람에 맞는 논거만 받아들일 것이다. '흡연은 건강에 해롭다', '비용이 많이 든다'는 논거는 무시할 가능성이 높다.

만약 오토바이 타는 것을 싫어하는 사람이라면, '오토바이는 위험하고 소음이 심하며 한 번에 두 명 밖에 탈 수 없고, 비나 눈이 오는 날씨에는 타기 어려우며 헬멧은 답답하고 윤활유와 먼지 때문에 옷이 지저분해진다'

는 내용을 받아들일 것이다. 당연히 '오토바이는 어디에나 쉽게 주차할 수 있으며, 구입비와 유지비용이 상대적으로 저렴하다' 같은 내용은 무시해버릴 것이다.

객관적으로 생각하기 위해서는, 눈앞의 문제와 관련된 증거를 모두 살펴봐야 한다. 진실을 찾고 싶다면 증거를 무시하거나 왜곡하지 말아야 한다. 대부분의 나라는 당사자주의● 방식으로 사법체계를 운영한다. 이런 시스템 안에서는 정보와 증거를 쉽게 왜곡할 수 있다. 검사, 피고 측 변호사 모두 자신에게 유리한 증거를 제시하기 때문이다. 공정한 판결을 위해서는 판사와 배심원들이 객관적이고 평등한 태도를 지니고 있어야 한다.

인과관계 전제 오류

'하나의 사건이 실제로 다른 사건의 원인이 되었는가?' 이것은 인과관계 전제 오류를 밝히는 중요한 기준이 된다. 원인과 결과는 두 사건 사이에서 발생한다. 이때 첫 번째 사건이 원인, 두 번째 사건이 결과라면 이 관계

● **당사자주의** (adversarial justice system, 소송에 참여하는 원고와 피고가 각각 주도권을 갖고서 서로 대립하면서 공격, 방어하는 재판형식—옮긴이 주)

를 수식으로 이렇게 표현할 수 있다. 'A → B'

인과관계 전제를 접했을 때 가장 먼저 분석해야 하는 것은 두 대상 사이의 관계다. 실제로는 아무런 관계가 없을 수도 있기 때문이다. '고양이가 나무에서 내려오기 직전에 가로등이 켜졌다. 고양이는 가로등이 켜졌기 때문에 나무에서 내려온 것이다'는 주장을 살펴보자. 이 주장은 타당한가? 두 사건은 실제로 인과관계에 있는가? 아니다. 단순한 우연의 일치였을 뿐이다.

만약 두 사건 사이에 관계가 있는 경우라면, 그것이 인과관계인지 단순한 상관관계인지 알아봐야 한다. 그 중 후자의 경우라면 또다시 상관관계가 높은지 낮은지 분석해야 한다. 인과관계일 경우에는, 타당한 원인을 알아보고 이 관계가 대안적 인과관계인지 역인과관계인지 알아봐야 한다.

다음의 표를 보자. 인과관계 전제 오류가 발생할 수 있는 여섯 가지 범주가 나와 있다.

인과관계 없음	인과관계 있음
단순한 우연의 일치	타당한 인과관계
상관관계가 낮은 경우	대안 인과관계
상관관계가 높은 경우	역인과관계

① 단순한 우연의 일치

"내가 이 좌석에 앉을 때마다 우리 팀이 플레이오프 경기에서 이겼다."

특정한 좌석이 팀을 승리하게 만들었다는 주장은 믿기 어렵다. 특정한 좌석에 앉았기 때문에 팀이 경기에서 졌다는 주장 역시 마찬가지다.

② 상관관계가 낮은 경우

헬스클럽이 새롭게 오픈한 것과 시민들의 건강 사이에는 어떤 관계가 있을까. 이 두 사건의 상관관계는 낮다. 물론 헬스클럽이 사람들의 건강에 어느 정도 영향을 줄 수는 있다. 하지만 큰 의미는 없을 것이다. 헬스클럽을 찾는 사람들이, 도시 전체의 인구에 미치는 영향은 극히 제한적이기 때문이다. 건강 챙기기 열풍이 불었다고 해도 마찬가지다. 헬스클럽을 가는 대신 걷거나 자전거를 타거나 등산을 하는 사람들도 있기 때문이다.

③ 상관관계가 높은 경우(인과관계는 없음)

특정한 요인이나 특징 사이의 상관관계가 높은 경우를 살펴보자. 큰 키와 NBA 프로농구 선수단과의 상관관계는 어떤가. NBA에 소속된 모든 선수들이 크지는 않지만, NBA 선수들의 대부분은 키가 크다. 두 요소 사이의 상관관계가 높다는 것을 알 수 있다.

매출과 광고비의 상관관계도 한번 생각해보자. 회사가 광고비로 더 많은 비용을 지출할수록 매출은 늘어난다. 즉 두 요소 사이의 상관관계는 상당히 높은 셈이다(실제로 광고와 매출의 상관관계는 대략 0.8 정도인 것으로 밝혀졌다). 하지만 매번 늘어나는 것은 아니므로 인과관계는 아니다. 더운 날씨와 아이스크림의 판매량, 비와 우산의 판매량도 높은 상관관계를 지닌다. 때때로 상관관계가 높은 것을 인과관계로 착각할 때가 있다. 커피 소비량과 커피콩 소비량의 관계, 신생아 수와 유아용 기저귀 소비량의 관계 역시 그렇다. 많은 사람들이 이 두 가지를 인과관계라고 생각한다. 하지만 이 예들은 단순히 상관관계가 높은 경우이다. 높은 상관관계와 인과관계를 구분하는 것은 중요하다.

④ 타당한 인과관계

중력의 법칙이야말로 가장 정확한 인과관계를 보여준다. 공중으로 던진 물체는 '반드시' 아래로 떨어진다.

⑤ 대안 설명

대안 인과관계 설명이라고도 한다. 한 가지 결론, 즉 결과에는 동의하지만 그것의 정확한 원인에 대해서는 의견을 달리하는 경우에 고려해볼 수 있는 인과관계 유형이다. 두 사건이 인과관계처럼 보일 때라도 또 다른 원인이 있는지 일단 살펴보도록 한다.

광고 예산을 늘린 후 회사의 매출이 증가했다고 해보자. 그렇다면 광고 예산과 매출은 인과관계에 있는가? 아닐 수도 있다. 어쩌면 회사의 주요 경쟁사가 도산했을지도 모른다. 이처럼 다른 요인이 숨어 있을 수도 있으니 주의해야 한다.

대안 설명과 연관된 예를 좀 더 살펴보자. "최근에 고등학교의 총기사고 가 급증한 것은 학생들이 폭력적인 텔레비전 프로그램을 시청했기 때문이 다." 그러나 해이한 총기 관련 법안이나 교육 수준의 하락, 신앙심의 약화 때문이라고 말하는 사람도 있지 않을까? 또는 제3의 요인이 연쇄적인 반 응을 일으켰기 때문일 수도 있다. 즉 아이들이 폭력적인 프로그램에 몰두 하고 학교에서 총을 난사하는 이유는 가족이 붕괴했기 때문일 수도 있다.

⑥ 역인과관계

최근에 유명해진 대중 소설 작가가 있다고 해보자. 그가 유명해진 것은 책을 많이 팔았기 때문일까 아니면 유명해졌기 때문에 책을 많이 팔게 된 것일까? 역인과관계는 까다롭다. X가 Y의 원인이라고 생각했는데 실제로 는 Y과 X의 원인일 때, 이것을 역인과관계라고 한다. 다음 사례를 읽어보 자. 역인과관계를 이해하는 데 도움이 될 것이다.

샐리는 성실한 직원이다. 어느 날 당신은 이렇게 혼잣말을 한다. "샐리 는 정말 열심히 일해. 사장님이 그녀에게 가장 어려운 업무를 맡긴 것도 당 연하지." 당신의 논리는 이것이다. '샐리는 열심히 일했기 때문에 사장님은 그녀에게 가장 어려운 업무를 맡겼다.' 그러나 오히려 그 반대의 상황일 수 도 있다. 사실 샐리는 게으른 직원이지만, 가장 힘든 업무를 맡게 되어서 열심히 일하는 것일 수도 있다. 이렇게 되면 논증은 '샐리는 힘든 업무를 맡았기 때문에 열심히 일할 수밖에 없었다'로 바뀐다.

역사에서도 이러한 사례를 찾아볼 수 있다. '흡연이 암을 일으킨다'는 가설을 증명하기 위해 연구원들은 일부러 이 가설을 뒤집어보았다. '암이 흡연 욕구를 일으킨다'고 바꿔서 생각해본 것이다. 당연히 이 가설은 타당하지 않았다.

그러나 원인과 결과를 구분하기 어려운 경우가 많다는 게 문제다. '좋아하는 일이기 때문에 잘한다'는 주장을 생각해보자. '어떤 일을 좋아하기 때문에(원인) 그 일을 잘하게 된다(결과)'는 논리다. 그렇지만 어떤 일을 잘한다는 사실을 알고 좋아하게 되는 경우도 있지 않은가?

실행 전제 오류

몇 년 전, 한 여행 잡지에 이런 기사가 실렸다. "비행기 여행이 편리해지고 사람들의 소득이 증가했기 때문에 머지않아 모든 사람들이 사자를 보기 위해 아프리카에 다녀올 것이다."

이 주장이 틀렸다는 것은 굳이 설명하지 않아도 될 것이다. 어떤 부분이 잘못된 것일까? 비행기 여행이 더 편리해졌고 사람들의 소득이 늘어났다는 부분? 아니다. '많은 사람'이 아닌 '모든 사람이 사자를 보러 갈 것'이라고 가정한 부분이다.

법으로 문제를 해결할 수 있다는 주장 역시 의심해봐야 한다. 법은 바람직하지 못한 행동을 말리거나 제한하는 효과가 있지만, 행동 그 자체를 막을 수는 없다. 예를 들어 차별 금지법은 사람들이 자발적으로 차별을 멈추려고 하지 않는다면 효과가 없는 셈이나 마찬가지다. 쇼핑 거리에 불법으로 주차하는 것을 막기 위해 벌금을 올리는 법안도 마찬가지다. 돈이 많은 사람이라면 차라리 불법주차를 하고 벌금을 내겠다고 선택할 수도 있다.

이렇듯 합리적인 계획이 반드시 바람직한 결과를 불러오는 것은 아니다. 이유가 무엇일까?

첫째, 계획을 실행하려는 욕구나 동기, 인내력이 부족하기 때문에. "읽을 수 있지만 읽지 않는 사람은, 읽을 수 없는 사람보다 나은 점이 없다"는 말이 있다. 능력이 있는 것과 실제로 그 능력을 사용하는 것은 다르다. 재능이 있지만 집중력이나 인내심이 부족해서 재능이 묻히는 경우는 흔하다.

둘째, 계획을 실행할 역량이나 필수적인 기술이 부족하기 때문에. "의대에 진학할 거야. 아니면 입대해서 특수부대원이 되겠어." 한 고등학교 졸업생이 이런 말을 했다면 그는 실제로 의대에 입학할 만한 실력과 특수부대원이 될 만한 능력을 갖추고 있어야 한다.

셋째, 경제적인 수단이나 기회가 부족하기 때문에. 앞서 언급했던 고등학교 졸업생이 결국 의대를 선택했다고 가정해보자. 그가 학업을 마치려면 학자금을 구할 수 있는 능력이 필요하다.

넷째, 예기치 못한 경쟁이나 결과(물리적, 재정적, 기술적 혹은 지원적인 면에서) 때문에. 한 회사가 인트라넷 시스템을 새롭게 구축하려고 준비 중에 있다. 그것으로 사내의 의사소통이 활발해질 거라고 기대하기 때문이다. 하지만 결과는 다를 수도 있다. 만약 직원들이 시스템 작동법을 어려워한다면 오히려 의사소통은 줄어들 것이다.

'실행 전제'는 위에 언급한 네 가지 이유가 없다면, 계획을 차질 없이 진행할 수 있다고 가정한다.

이제 비판적 사고를 높이는 문제를 풀어보자. 비교 유추 전제 오류, 대표성 전제 오류, 좋은 증거 전제 오류, 인과관계 전제 오류, 실행 전제 오류에 관한 문제들이 나와 있다. 답은 <u>288~305</u>쪽에 있다.

■ 문제 13. 범죄

선데이 신문의 기사에 따르면 우리 도시의 범죄가 줄어들고 있다고 한다. 치안 계획, 이웃의 감시, 엄청난 벌금, 형기가 늘어난 징역형 이 모든게 범죄 신고 건수를 20% 줄이는 데 결정적인 역할을 담당했다.

다음 중 '우리 도시의 범죄율이 감소했다'는 위의 믿음을 가장 약화시키는 내용은 무엇인가?

A) 선데이 신문에서 이웃 도시의 범죄율 역시 줄어들고 있다고 보도했다.

B) 경찰관들은 도시의 범죄율을 낮추기 위해 방범 계획을 지지하는 법안에 찬성했다.

C) 최근에 체포된 사람들 대부분은 재범자이다.

D) 범죄의 범위에 화이트컬러 범죄도 포함되어 있다.

E) 범죄 신고 건수는 줄어들었지만, 실제로 일어난 범죄 건수는 줄어들
지 않았거나 더 많아졌을 가능성도 있다.

**잠깐! 범위가 변하는 경우를 주의하자. 논증을 펼치면서 어떤 용어를 다른
용어로 바꿔서 사용하면 범위 자체가 바뀔 수도 있다.**

■ **문제 14. 과잉행동**

많은 사람들이 10년 전에 비해 아이들의 과잉행동이 심해졌다고 생각
한다. 그들은 비디오 게임과 멀티미디어 오락물 때문이라고 주장한다.

다음 중 위의 논증을 가장 약화시키는 내용은 무엇인가?

A) 대부분의 사람들이 10년 전에 비해 아이들의 주도성과 창의력이 더
커졌다고 생각한다.

B) 과잉행동이 심해진 것보다 아이들의 공격성이 높아졌다는 게 더 심
각한 문제다.

C) 최근 몇 년 동안 발표된 아동용 책을 보면 과거에 비해 그림이 많이
실려 있다.

D) 과잉행동으로 간주되는 행동유형이 10년 전에 비해 늘어났다.

E) 주의력결핍 과잉행동장애 발병률이 최근 몇 년간 늘어나고 있다.

■ 문제 15. 영화광

영화 〈피해자의 복수〉 속편이 성공하지 못할 거라는 설문조사 결과가 발표되었다. 일요일 오후 영화관을 나서는 사람들을 상대로 전국적인 조사를 벌인 결과, 사이코패스형 연쇄살인자가 나오는 영화는 이제 고리타분하다고 대답한 사람이 대부분이었다. 따라서 영화사는 그런 종류의 영화를 더 이상 제작하지 말아야 한다.

다음 중 위의 주장을 가장 약화시키는 내용은 무엇인가?

A) 유명 영화배우의 팬들 중에는 자신의 스타가 출연한 영화라면 장르를 가리지 않고 모두 보는 사람들이 꽤 많다.

B) 일요일 낮 영화관을 찾는 사람들이, 영화를 보는 전체 인구를 대변하지는 않는다.

C) 알프레드 히치콕 감독의 영화 〈싸이코Psycho〉는 1960년에 크게 히트를 쳤고 1998년에 리메이크되었다.

D) 연쇄살인자의 삶을 소재로 한 책의 판매량이 늘고 있고, 범죄학과에 진학하는 대학생들도 늘고 있다.

E) 연쇄살인자를 다룬 영화를 제작하려면 감정적인 갈등과 지성을 표현할 수 있는 노련한 배우가 있어야 하고, 이런 배우들은 높은 출연료를 요구한다.

잠깐! 설문조사의 경우, 이 조사가 양적으로나 질적으로 대표성이 있는 표본을 적절하게 설정했는지 확인해야 한다.

문제 16. 강세 시장

"와, 인도의 국가 경쟁력이 상당히 커졌어. 올해 초부터 인도 국립증권 거래소(NSE) 지수가 1000포인트 이상 올랐거든."

다음 중 위 화자의 주장을 가장 확실하게 뒷받침해주는 내용은 무엇인가?

A) 인도 국립증권거래소(NSE) 지수는 인도 전체 경제의 힘을 판단하는 공정한 지표다.

B) 뭄바이증권거래소(BSE) 지수 역시 올해 초부터 500포인트 가까이 올랐다.

C) 지난해 이맘때에는 인도 국립증권거래소(NSE) 지수가 내려갔었다.

D) 인도 경제가 탄탄해졌다고 생각했던 기간 동안 아시아와 유럽의 경제 또한 강세를 나타냈다.

E) 인도 국립증권거래소(NSE) 지수는 전통적으로 변동 폭이 매우 크다.

잠깐! 대표성 전제 오류는 규모가 작은 대상이 더 큰 전체를 대표한다고 생각할 때 일어난다.

문제 17. 퍼팅 기술

골프 스코어가 제대로 나오지 않아서 애를 먹고 있습니까? 퍼팅이 엉망입니까? 새로 나온 스위트 스폿 퍼터는 집중적으로 훈련하지 않아도 골프 게임 능력을 향상시켜줍니다. 일반 아마추어 골퍼조차 퍼팅 정확도를 무려 25%나 올릴 수 있습니다. 스위트 스폿 퍼터가 있다면 당신도 언더파 스코어를 기록할 수 있습니다.

위 광고의 논리를 받아들인 사람이라면, 다음 중 어떤 전제를 깔고 있는 것인가?

A) 골프선수는 성능이 좋은 장비가 없다면 경기력을 향상시킬 수 없다.

B) 새로운 스위트 스폿 퍼터는 프로선수보다는 아마추어 선수의 경기력을 더 향상시킬 것이다.

C) 골프 경기력의 수준은 대체로 퍼팅 정확도에 따라 결정된다.

D) 새로운 스위트 스폿 퍼터는 현재 시장에 나와 있는 어떤 퍼터보다도 월등하다.

E) 훈련보다 품질이 좋은 장비를 사용하는 게 퍼팅의 정확도를 더 효과적으로 개선시키는 방법이다.

잠깐! 일반적으로 대표성 전제 오류는, 특정한 조건을 들어서 일반적인 상황을 주장할 때 발생한다.

문제 18. 저자의 선택

최근 『소설가의 몰락(Decline of the Novelist)』이라는 책이 출간됐다. 저자는 이 책을 통해, 요즘 소설가들에게서는 과거의 소설가들이 가지고 있던 기교를 좀처럼 찾아볼 수 없다고 비판했다. 이와 관련해서 저자는 현대소설 100편과 비현대소설 100편 총 200편의 소설을 분석해서 자신의 의견이 옳다는 점을 밝혔다.

다음 중 저자의 논증에 포함된 가장 심각한 논리적 오류의 가능성을 지적한 것은 무엇인가?

A) 저자의 주장을 포함하고 있는 책 제목 때문에, 독자들은 책을 읽기도 전에 저자의 의견을 받아들일 가능성이 있다.

B) 소설을 평가하는 기준은 기교 이외에도 다양한 것들이 있다.

C) 저자는 자신의 주장을 가장 잘 뒷받침하는 소설들만 찾아서 분석했을지도 모른다.

D) 현재 소설가들에게는 각본가들이 사용하는 기법보다 문학적인 기교가 더 필요하다.

E) 문학적 비평 용어에 익숙하지 않은 독자라면 200편의 소설을 분석했다는 사실을 믿지 못할 것이다.

잠깐! 자신의 주장을 뒷받침하는 논거들만 모았는지 확인해본다.

문제 19. 기질

> 스티브: 내 친구 해리엇과 릭은 화를 잘 내. 둘 다 붉은색 머리카락을 지
>   녔지. 빨간 머리들이 괴팍하다는 말은 사실인 것 같아.
> 존: 말도 안 돼. 실제로 빨간 머리들은 유순해. 빨간 머리카락을 지닌 내
>   친구 제프, 뮤리엘, 벳시는 차분하고 침착한 걸.

두 사람의 상반된 논증에 대해 다음 중 가장 그럴 듯한 설명을 하고 있는 것은 무엇인가?

A) 스티브가 아는 빨간 머리 친구들과 존이 알고 있는 빨간 머리 친구
   들의 수가 다르다.

B) 스티브와 존이 알고 있는 빨간 머리 친구들은, 두 사람이 알고 있는
   빨간 머리가 아닌 사람들보다 많지 않을 것이다.

C) 스티브나 존이 빨간 머리 친구들의 성격을 잘못 판단했을 수도 있다.

D) 스티브와 존의 친구 중에 빨간 머리는 아니지만 성격이 나쁜 친구
   들도 있을 것이다.

E) 스티브와 존이 각자의 결론을 뒷받침하기 위해 이용한 사례들은 둘
   다 나름대로 유효하다.

**잠깐! 생략된 논거에 논증의 정당성을 결정하는 열쇠가 들어 있는 경우도
있다.**

문제 20. 이직률

사장: 최근 높아진 이직률이 걱정스럽습니다. 직원들이 불만을 가진 채 회사를 떠난다면 회사에 대한 부정적인 의견을 여과 없이 말하게 될 것이고, 그것은 결국 시장에서의 회사 평판을 깎아내릴 것입니다.

인사부 매니저: 걱정하지 않으셔도 됩니다. 그런 문제점에 대처하기 위해서 퇴사한 지 한 달이 안 된 직원들에게 설문지를 보내고 답변을 요청했습니다. 정직하게 작성해줄 것과 모든 답변을 비밀로 부치겠다는 것을 서로 약속했습니다. 최근에 회사를 떠난 100명의 직원 중 25%에 해당하는 25명이 근무 중 부정적인 경험을 한 적은 없었다고 설문지를 통해 답변했습니다.

다음 중 인사부 매니저의 논증을 가장 약화시키는 의견은 무엇인가?

A) 설문지에 나타난 의견이 직원들의 실제 감정을 말해주는 것은 아니다.

B) 진짜로 부정적인 감정을 품고 있는 사람들은 설문에 응하지 않았을 것이다.

C) 최근에 회사는, 홍보회사인 콴텀과 함께 회사 이미지를 개선하는 프로그램을 성공적으로 개발했다.

D) 근무 경험에 대한 질문은, 설문지의 맨 아랫부분에 있었다.

E) 모든 리서치 회사들은 설문지에 대한 응답률을 평균 10%라고 가정한다. 즉 설문지 열 개를 보냈다면 그 중 한 사람만이 모든 질문에 응답한 후 다시 회사로 보낼 거라는 뜻이다.

문제 21. 사이클 선수

이번 사이클 투어에 참가하는 선수들의 체지방 비율이 4~11% 수준인 것으로 밝혀졌다. 만약 보통 사람이 그 정도 수준까지 체지방을 낮출 수 있다면 세계적인 수준의 사이클 선수가 될 수 있을 것이다.

다음 중 위 논증에 사용된 추론 방식의 특징을 가장 정확하게 설명한 것은 무엇인가?

A) 결론이 논거에 바탕을 두고 있고, 논거는 다시 결론에 바탕을 두고 있다.

B) 비논리적인 결론을 도출하는 방식으로 논증의 부조리를 보여주고 있다.

C) 상관관계가 높은 두 사건을 인과관계로 잘못 가정하고 있다.

D) 결론을 뒷받침하기 위해 잘못된 논거를 이용했다.

E) 입증하려는 내용을 가정하고 있다.

잠깐! 상관관계와 인과관계는 같지 않다.

문제 22. SAT 점수

미국 유명 대학교의 SAT 평균 점수가 올라갔다는 소식에 부모들은 너무나 쉽게 감동받는다. 안타깝게도 이러한 통계는 오해의 소지가 다분하다. SAT 평균 점수가 높아진 이유는, 학생들의 영어, 수학, 작문 수준이 올라갔기 때문이 아니라 단순히 학생들의 시험 보는 기술이 늘었기 때문이다. 유명 대학교에 입학한 학생들을 대상으로 조사한 결과를 보면, 지난 20년간 학생들의 읽기, 쓰기, 수학 능력은 점차 낮아지고 있다.

다음 중 글쓴이의 논증 방식을 정확하게 설명한 것은 무엇인가?

A) 반대 의견이 제시하는 수치의 정확성을 부인하는 방식

B) 반대 의견의 논거에 대해 대안적 설명을 찾는 방식

C) 문제의 핵심에서 주의를 돌리기 위해 관련이 없는 정보를 제시하는 방식

D) 순환 추론 방식

E) 반대 의견의 논거에 허점이 있다는 것을 암시하는 방식

잠깐! 인과관계 전제는 한 사건이 일어난 후 이어서 다른 사건이 일어났기 때문에 첫 번째 사건을 원인이라고 보고 두 번째 사건을 결과라고 보는 방식이다.

문제 23. 발데즈

아나 발데즈가 집코 회사의 사장으로 취임한 후 수익률이 연평균 15%를 기록했다. 전임자들의 재임 기간 중 회사의 수익률은 연평균 8%였다. 발데즈 사장의 공격적인 해외 마케팅 덕분에 회사의 수익이 빠르게 증가했다.

보기에 제시된 내용들이 사실일 경우, 위 지문의 결론을 가장 약화시키는 것은 무엇인가?

A) 발데즈의 전임자들이 대표를 맡고 있던 시절, 회사는 개발도상국의 19~25세 소비자를 사로잡기 위해 광고 캠페인을 시작했다.

B) 지난해 세운 생산 공장 덕분에 생산능력이 35%나 높아졌다.

C) 발데즈 사장은 지면 광고를 라디오와 TV 광고로 바꾸어나갔다.

D) 발데즈 사장은 유명한 헤드헌팅 회사를 통해서 회사의 다섯 부서 중 두 곳을 책임질 유능한 부사장을 영입했다.

E) 발데즈 사장이 취임하기 바로 직전 전임자였던 존슨은 경쟁회사를 인수했고, 그 후로 회사의 연매출이 두 배 가까이 늘었다.

잠깐! 인과관계의 시나리오를 반박할 때는 일단 대안적 인과관계를 생각해 본다. A가 B의 원인이라고 주장하고 있더라도, 사실은 또 다른 원인 C가 B의 원인이 된 것은 아닌지 확인한다.

문제 24. 헤드라인

〈컬리지 트리뷴〉지 1면에 '비만이 우울증을 부른다'라는 제목의 기사가 실렸다.

보기에 제시된 내용들이 사실일 경우, 위 기사의 주장을 가장 약화시키는 것은 무엇인가?

    A) 비만인 사람은 자신이 왜 우울한지 또는 우울증의 고통에서 어떻게 벗어나야 하는지 알 수 없다.

    B) 우울증은 비만 이외의 원인으로도 생길 수 있다.

    C) 낮은 자존감은 비만과 우울증의 원인으로 자주 언급된다.

    D) 두 배 무겁다고 해서 우울증에 걸릴 가능성이 두 배 높아지는 것은 아니다.

    E) 우울증은 절망 및 자살과 관계가 깊다.

잠깐! 논증에서 A가 B의 원인이라고 주장하고 있다면, 또 다른 원인인 C가 A와 B 모두의 원인이 될 수 있는지 생각해본다.

문제 25. TV 시청

하루에 폭력적인 텔레비전 프로그램을 얼마나 보는지에 따라 128명의 사람들을 '많이 보는 쪽'과 '적게 보는 쪽'의 두 그룹으로 나누었다. 그 결과 폭력적인 프로그램을 많이 접하는 쪽이 더 높은 공격성을 드러낸 다는 게 밝혀졌다. 이에 연구원은 폭력적인 프로그램을 많이 볼수록 공격성이 높아진다는 결론을 내렸다.

다음 중 위의 결론을 가장 약화시키는 내용은 무엇인가?

A) 폭력적인 프로그램을 많이 보는 그룹의 몇몇 사람들은 그룹 내의 다른 사람들에 비해 낮은 공격성을 나타냈다.

B) 폭력적인 프로그램을 적게 보는 그룹의 몇몇 사람들은 공격성을 전혀 나타내지 않았다.

C) 실험에 참가한 사람들 중 몇몇은 공격성이 높아질 것을 걱정해 스스로 프로그램 시청 시간을 제한하고 있었다.

D) 참가자들 중 몇몇 사람들은 생중계를 시청했고, 몇몇은 녹화방송을 시청했다.

E) 일부 참가자들은 이미 높은 공격성을 보였고, 그런 성향으로 인해 폭력적인 프로그램을 더 자주 시청하는 것으로 드러났다.

잠깐! A가 B의 원인이라면, 반대로 B가 A의 원인이 될 수 있는 가능성도 한 번 생각해보자. 즉 역인과관계는 아닌지 생각해보는 것이다. 정말로 A가 B의 원인인지에 대해 의문을 품어보고 역으로 생각해서 확인해보는 방법이다.

문제 26. 상어

호주 남부 해안의 해양 보호지구에서 상어의 공격을 받는 사람들이 늘어나고 있다. 학계는, 상어들이 검은색 슈트를 입은 서퍼들을 커다란 바다표범이라고 착각해서 공격한 것이라고 밝혔다. 그 결과 몇 년 전부터 밝은 색의 금속성 슈트를 입는 서퍼들이 늘어나기 시작했다. 대부분의 사람들은 그러한 의견에 회의적이지만, 금속성 슈트를 입은 서퍼 중 상어의 공격을 받은 사람은 아직까지 보고되지 않았다.

다음 중 위의 논증을 가장 잘 뒷받침하고 있는 내용은 무엇인가?

A) 금속성 서핑 슈트를 입는 다른 지역 서퍼들 중 최근에 상어의 공격을 받은 사람은 없었다.

B) 최근에 이 해양 보호지구에서 검은색 서핑 슈트를 입은 수많은 서퍼들이 상어의 공격을 받았다.

C) 최근 몇 개월 동안 호주 남부 해안의 해양 보호지구에서 상어가 목격된 일은 없었다.

D) 금속성 서핑 슈트를 입은 서퍼들 중 몇몇은 상어를 만났을 때 공격적인 몸짓을 취했고, 금속 벨이 달린 손목밴드를 착용하고 있었다.

E) 잠수부들은 상어가 참치 등의 다른 물고기를 공격하는 모습을 관찰했고, 공격받은 물고기 중 일부가 검은색이라는 것을 확인했다.

잠깐! 정반대의 시나리오를 확인해본다. 보름달이 범죄율을 높인다는 주장을 들었다면, 보름달이 안 뜰 때의 범죄율은 어떤지 확인해본다.

문제 27. 태양 에너지

태양 에너지는 석유, 석탄, 원자력 등의 기존 에너지원에 비해 심각한 문제를 일으키지 않는다. 해외에서 수입하지 않아도 되고, 대기 오염이나 수질 오염을 일으키지 않으며, 방사선을 배출해 사람의 목숨을 위협하지도 않는다. 권력이 막강한 공공기관이 공급을 독점할 수도 없다. 그러므로 가정에서 태양 에너지를 사용하도록 권장해야 한다.

다음 중 위 지문의 논증을 가장 심각하게 약화시키는 것은 무엇인가?

A) 가정에서 태양 에너지를 사용하는 것에 대한 연구가 거의 이루어지지 않았다.

B) 태양 에너지에 대한 대부분의 연구는 권력이 막강한 공공기간이 주도하고 있다.

C) 아직까지 가정에서 이용할 수 있도록 태양 에너지를 효과적으로 모아서 저장하는 방법을 개발하지 못했다.

D) 정부가 원유와 천연가스의 가격을 조정한다면 일반 가정의 연료비는 줄어들 것이다.

E) 4인 가구가 사용할 만한 태양 에너지를 모으기 위해 기구를 설치하

는 비용과 4인 가구가 석유나 석탄, 원자력 에너지를 이용하는 데 드는 연간 비용은 같다.

잠깐! 이론과 현실을 분리해서 생각할 수 있어야 한다. 계획과 그 계획을 실행에 옮겨 마무리 짓는 것은 다르다. 계획이 문제없이 실행될 수 있다고 가정하지 말자.

문제 28. 고전

글을 읽을 수 있고, 특별히 게으르지 않다면 누구나 고전을 읽을 수 있다. 그런데 글을 읽을 줄 아는 사람 중에 고전을 읽은 사람은 거의 없다. 그러므로 글을 읽을 수 있는 사람의 대부분은 게으르다는 걸 알 수 있다.

다음 중 위 논증의 전제는 어떤 것인가?
A) 글을 읽을 수 있는 사람만이 고전을 이해할 수 있다.
B) 글을 읽을 수 있는 사람이라면 고전을 읽어야 한다.
C) 글을 읽을 수 있지만 게으른 사람은 고전을 읽을 기회가 없다.
D) 글을 읽을 수 있음에도 불구하고 고전을 읽지 않는 사람은 게으른 것이다.
E) 글을 읽을 수 있는 사람이라면 고전 읽기를 선택할 것이다.

잠깐! '할 수 있다'와 '할 것이다'는 다르다. 무엇인가를 할 수 있는 능력이 있다고 해서 모두들 그 능력을 사용하는 것은 아니다.

문제 29. 경기 침체

경기 침체를 통해 산업계는 변화의 기회를 잡을 수 있다. 업체들이 문을 닫고 직원을 내보내면, 일자리에서 밀려난 직원들은 적절한 시기에 자영업자가 되어 새로운 회사를 운영하게 될 것이다. 그리고 나머지 사람들은 새로운 기술을 배워서 경기가 다시 좋아졌을 때 새로운 형태의 업계에 동참하게 될 것이다.

다음 중 위 지문의 화자가 전제하고 있는 것은 무엇인가?

A) 혁신적인 아이디어는 너무 앞서나간 것처럼 보이기 때문에 상황이 잘 돌아가고 있을 때에는 아무도 그것에 관심을 기울이지 않는다.

B) 경제의 우선순위와 생산방식을 재평가하기 위해서는 경기 침체가 필요하다.

C) 직장을 잃은 직원들이라도 경제적 자립에 필요한 충분한 자금을 가지고 있을 것이다.

D) 경기 침체는 효율성이 떨어지는 업계의 방식을 없애고 새로운 방식이 들어올 여지를 만들어준다.

E) 경기 침체는 경제적 지위와 상관없이 사회 모든 구성원들에게 영향

을 미친다.

문제 30. 대중교통

출근할 때는 자동차 대신 버스나 지하철 같은 대중교통을 이용해야 한다. 뉴욕, 런던, 도쿄 같은 대도시에서는 자동차를 유지하는 비용이 많이 들고 이동할 때도 비효율적이다. 게다가 자동차의 배기가스는 공기를 오염시킨다.

다음 중 위 논증의 전제가 아닌 것은 무엇인가?

A) 대중교통을 이용하도록 권장하는 것보다 대도시의 오염을 줄일 수 있는 더 쉬운 방법이 있을 것이다.

B) 자동차를 가지고 있는 사람 중 출근할 때만 차를 이용하는 사람이 많기 때문에 이 계획은 실행 가능하다.

C) 사람들은 대중교통을 이용하는 것이 편리하고 쉬워야만 자동차 대신 대중교통을 선택할 것이다.

D) 현재 운행되는 대중교통은 출근하는 사람들을 모두 수용할 수 있다.

E) 시 당국은 출퇴근 러시아워 시간이 지나면 할 일이 없어지는 관련 인원들에게 더 이상 대가를 지불할 여력이 없다.

잠깐! 장애물을 미리 예상해보는 것은 실행 전제 오류를 걸러내기 위한 한

가지 방법이다.

문제 31. 레인보우 회사

티나는 환경 문제에 무관심하다. 최근에 퍼플 라이더 펠트 펜을 만든 레인보우 회사가 항구에 독성 폐기물을 버려서 기소되었다는 기사가 연일 나오고 있지만 계속 그 펜을 사용하고 있다.

다음 중 위의 주장을 가장 약화시키는 것은 무엇인가?

A) 몇몇 신문에서 레인보우 회사의 행태를 비판하고 있지만, 소비자들은 그 회사 제품의 품질에 대해 만족하고 있다.

B) 티나는 레인보우 회사와 관련된 최근의 기사를 알지 못한다.

C) 레인보우 회사의 기소 기사를 실은 신문은, 팁시 태틀러라고 하는 가십 잡지를 발행하고 있다.

D) 레인보우 회사의 홍보팀은 위반사실을 부인하는 성명서를 발표하지 않았다.

E) 티나는 대학교 2학년 때까지 환경보호 단체의 일원이었다.

잠깐! 개인이나 조직이 기존 사실이나 상황, 조건을 알고 있었느냐에 따라 논증의 타당성이 달라질 수 있다.

문제 32. 성격

대부분의 경영대학원 입학 과정에서 면접은 중요한 부분을 차지한다. 성격이나 인성은 성공적인 직장생활에도 중요한 요소이기 때문에 면접 결과는 경영대학원 입학뿐 아니라 직장에 어울리는 성격을 가진 지원 자를 선별하는 데도 도움이 될 것이다.

다음 중 위 논증의 기본적인 전제는 무엇인가?

A) 면접에 공을 들였다면 성공적으로 경영대학원에 입학할 수 있을 것이다.

B) 면접은 경영대학원 입학 과정에서 가장 중요한 요인이다.

C) 면접관은 경영대학원에 적합한 지원자를 정확히 선별해낼 수 있다.

D) 경영대학원 입학 면접의 유일한 목적은 지원자의 성격이 경영대학원의 환경과 어울리는지 평가하는 것이다.

E) 면접은 하루 중 비슷한 시간대에 비슷한 장소에서 진행될 것이다.

잠깐! 찾고 있는 것을 발견했다고 해서 누구나 그 사실을 바로 알아챌 수 있는 것은 아니다. 자신이 찾고 있는 것이 무엇인지 정확하게 알아볼 수 있는 능력이 필요하다.

문제 33. 여피 카페

아래의 지문은 지역 회사들에게 인터넷과 SNS 홍보를 권장하는 캠페인의 일부 내용이다. 지문을 읽고서 각각의 질문에 답변해보자. 이 기회를 통해 논증의 오류들을 찾아내고 분석하는 법을 종합적으로 훈련해볼 수 있을 것이다.

> 여피 카페는 올해부터 인터넷 광고를 시작했고 만족스러운 결과를 얻었습니다. 거래량이 지난해보다 무려 15%나 늘어났습니다. 이 카페의 성공은 인터넷을 활용하면 여러분의 사업 수익성도 높아질 것이라는 결과를 보여줍니다.

> ① 위 논증은 설득력이 있다고 생각하는가?
> ② 위 논증의 설득력을 높이려면 어떻게 해야 하는가?
> ③ 고전적인 논증 구조에 따라 위 논증을 분석하고 결론, 논거, 세 가지 이상의 전제를 밝혀라.

잠깐! 논증에서 모호하게 표현된 용어가 있다면 명확하게 정의해야 한다.

Part 5

논리
완전 정복

명제 꿰뚫기

불가능한 것을 제외시킨 후에 남은 것이 아무리 터무니없어 보일지라도,

그것은 진실일 수밖에 없다.

— 셜록 홈스Sherlock Homes —

훑어보기

이번 파트에서는 서로 밀접한 관계를 맺고 있는 다음 세 가지 주제를 중심으로 살펴보려고 한다.

① '~이면 ~이다' 명제
② '전혀—어떤—대부분—모든' 명제
③ 논리적 등치 명제

이제 다음 명제들을 한번 생각해보자.

기존 명제: 열심히 일하면 성공할 것이다.

추론 명제 ①: 성공했다면 열심히 일했기 때문이다.

추론 명제 ②: 열심히 일하지 않는다면 성공하지 못할 것이다.

추론 명제 ③: 만약 성공하지 않았다면, 열심히 일하지 않은 것이다.

기존 명제에서 논리적으로 추론해낼 수 있는 명제는 위의 세 가지 중 어떤 것일까?

①번이 항상 옳은 것은 아니다. 성실함 이외에도 성공하는 데 필요한 요인은 너무도 많다. 특출한 능력이 있었거나 머리가 좋았거나 운이 좋아서 성공할 수도 있는 법이다. 마찬가지로 ②번도 반드시 옳은 것은 아니다. 단순히 열심히 일하지 않았다고 해서 성공할 수 없는 것은 아니다. 이미 말했듯이 열심히 일하지 않고도 능력이 아주 뛰어나거나 머리가 아주 좋거나 운이 좋아서 성공할 수 있다.

그러나 ③번은 기존 명제를 기준으로 합리적으로 추론해낸 것이다. 성공하지 않았다면 열심히 일하지 않은 게 분명하다. 물론 그렇다고 해서 성공을 방해하는 다른 요소들이 없다는 뜻은 아니다. 그 외에도 솜씨가 서툴렀거나 현명하지 못한 방식으로 일을 했거나 단순히 운이 좋지 않아서 성공하지 못했을 수도 있다.

첫 번째 명제 유형: '~라면 ~이다'

'~라면 ~이다' 명제는 인과관계를 다르게 표현하는 방식이다. 'A라면 B이다'는 명제를 생각해보자. 이 명제는 'A→B'라고도 쓸 수 있다. '미국 지폐라면 녹색이다'는 명제는 '미국 지폐 → 녹색'이라고 쓸 수 있다. 이 관계를 원으로 설명하면 다음과 같다.

표 5.1 '~라면 ~이다' 명제를 다이어그램으로 나타내기

미국 지폐라면 녹색이다.

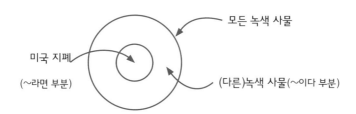

앞의 [표 5.1]은 미국 지폐와 모든 녹색 사물의 관계를 다이어그램으로 설명한 것이다. 원 안쪽에서 바깥쪽으로 읽어나가면 내용이 통하지만, 원 바깥쪽에서 안쪽으로 읽으면 논리가 통하지 않는다. 즉 '미국 지폐이면 녹색이다'와 '녹색이면 미국 지폐이다'의 뜻은 전혀 다르다.

이런 유형의 명제에서 논리적으로 추론할 수 있는 것은 무엇인가? [표 5.2]는 기존의 명제에서 추론해낸 명제들을 보여주고 있다. 그러나 올바르게 추론해낸 것은 세 번째 명제뿐이다. '~라면 ~이다' 명제는 한 방향으로 읽는 게 중요하다. 역 방향으로 읽으면 참이 아닐 수도 있다. '미국 지폐라면 녹색이다'는 명제에서 논리적으로 추론할 수 있는 것은 '녹색이 아니면 미국 지폐가 아니다'가 참이라는 사실, 이것뿐이다.

'~라면 ~이다' 명제를 완전히 이해하려면 [표 5.3]의 내용을 반드시 기억해야 한다. 형식 논리학에서 대우 명제●는 항상 옳다. 다시 말해 'A라면 B이다'는 명제에서 유일하게 추론할 수 있는 것은 'B가 아니면 A가 아니다'는 명제뿐이다.

● **대우 명제** (contrapositive, 명제의 전제와 결론을 부정하여 반대로 말하는 것—편집자 주)

표 5.2 미국 지폐

명제	논리적으로 추론할 수 있는 명제인가?
미국 지폐라면 녹색이다.	기존 명제
① 녹색이면 미국 지폐이다.	논리적인 추론이 아니다. 이 명제는 모든 녹색 사물이 미국 지폐라는 뜻인데 녹색 크레용, 나무 등 다른 녹색 사물은 많다.(후건 긍정의 오류)
② 미국 지폐가 아니면 녹색이 아니다.	논리적인 추론이 아니다. 미국 지폐 이외에도 많은 것들이 녹색이다. (전건 부정의 오류)
③ 녹색이 아니면 미국 지폐가 아니다.	논리적인 추론이다. 녹색은 미국 지폐가 지닌 조건 중 하나이기 때문이다.

표 5.3 '~라면 ~이다' 명제의 논리

명제	형식 논리학 용어	논리적으로 추론할 수 있는 명제인가?
A라면 B이다.	기존 명제	기존 명제
① B라면 A이다.	후건 긍정의 오류	추론할 수 없다.
② A가 아니면 B가 아니다.	전건 부정의 오류	추론할 수 없다.
③ B가 아니면 A가 아니다.	대우 명제	기존의 명제를 기준으로 했을 때 항상 논리적으로 추론할 수 있는 명제다.

'~라면 ~이다' 명제를 필요조건과 충분조건을 통해 이해하는 방법도 있다. 필요조건은 사건이 일어나기 위해 있어야 하는 조건이지만, 그 자체가 사건의 원인은 아니다. 반면에 충분조건은 사건의 직접적인 원인이다. 더 전문적인 말로 설명하자면, 그 조건이 없을 때 사건이 일어나지 않는다면 필요조건이고 그 조건이 있을 때 반드시 사건이 일어난다면 충분조건이다.

한 사람이 'A라면 B이다'라고 주장한 뒤, 따라서 'B라면 A이다'라고 주장했다면 조건명제를 단순히 반대로 뒤집는 오류를 저지른 셈이다. 조건명제를 뒤집을 수 없는 이유는 '~라면 ~이다'라는 기존의 명제가 필요조건의 역할을 하기 때문이다. 그것을 뒤집으면 기존 명제가 충분조건으로 바뀐다. 앞의 [표 5.2]에서 강조했듯이, '녹색'은 미국 지폐를 규정하는 필요조건이지 충분조건은 아니다. '녹색' 이외에 특수한 종이 재질, 정확한 규격 등 다른 요인이 충족되어야 한다. 그러나 기존 명제를 단순히 뒤집으면, 녹색이라면 어떤 것도 미국 지폐가 될 수 있다는 명제로 바뀐다. 필요조건을 충분조건으로 바꾸는 오류를 저지르는 셈이다.

예를 하나 더 들어보자. "애완용 햄스터에게 매일 물을 주었다. 그럼에도 불구하고 죽었다." 이때, 애완용 햄스터에게 매일 물을 주는 것은 햄스터를 돌보기 위한 필요조건이지만 충분조건은 아니다. 당연히 햄스터를 돌보려면 물 이외에 먹이 등 다른 많은 것을 제공해야 한다.

두 번째 명제 유형:
'전혀 – 약간 – 대부분 – 모든'

일상적인 말은 기본적으로 모호하기 때문에 추론을 할 때 많은 오류를 저지르게 된다. 아래의 네 가지 명제를 생각해보자.

① A는 B가 아니다.

② 모든 A는 B이다.

③ 어떤 A는 B이다.

④ 대부분의 A는 B이다.

네 가지 명제의 의미를 살펴보기 위해 다음의 다이어그램을 참고하자.

①번 명제인 'A는 B가 아니다'는 다이어그램 (1a)나 (1b)에 해당할 수 있지만, 일반적으로는 (1a)에 해당한다.

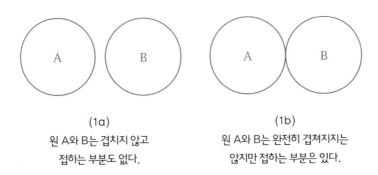

(1a)
원 A와 B는 겹치지 않고
접하는 부분도 없다.

(1b)
원 A와 B는 완전히 겹쳐지지는
않지만 접하는 부분은 있다.

②번 명제인 '모든 A는 B이다'는 다이어그램 (2a)나 (2b)에 해당할 수 있지만, 일반적으로 (2b)에 해당한다.

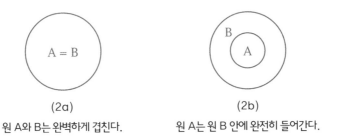

(2a)
원 A와 B는 완벽하게 겹친다.

(2b)
원 A는 원 B 안에 완전히 들어간다.

③번 명제인 '어떤 A는 B이다'는 다이어그램 (3a), (3b), (3c) 가운데 하나에 해당할 수 있지만, 일반적으로 (3b)에 해당한다.

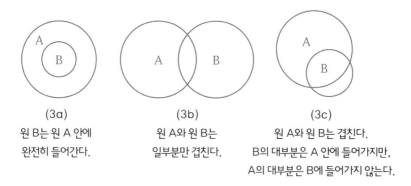

(3a)
원 B는 원 A 안에
완전히 들어간다.

(3b)
원 A와 원 B는
일부분만 겹친다.

(3c)
원 A와 원 B는 겹친다.
B의 대부분이 A 안에 들어가지만,
A의 대부분은 B에 들어가지 않는다.

④번 명제인 '대부분의 A는 B이다'는 다이어그램 (4a)나 (4b)에 해당할 수 있지만, 일반적으로 (4b)에 해당한다.

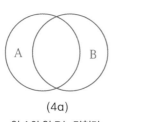 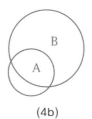

(4a)
원 A와 원 B는 겹친다.
A의 대부분은 B 안에 들어가고,
B의 대부분 역시 A 안에 들어간다.

(4b)
원 A와 원 B는 겹친다.
A의 대부분은 B 안에 들어가지만,
B의 대부분은 A 안에 들어가지 않는다.

추론을 할 때 머릿속이 혼란스럽다면 이러한 다이어그램을 이용하면 훨씬 쉽게 정보를 정리할 수 있다.

명제를 추론할 때는, '대부분' 명제와 '어떤' 명제의 두 가지 큰 차이점을 기억해야 한다.

첫째, '대부분'은 절반 이상의 다수를 나타내고 '어떤'은 절반 이하의 소수를 의미한다. 둘째, '어떤' 명제는 상호성을 포함하고 있지만, '대부분' 명제가 반드시 상호성을 포함하는 것은 아니다. 예를 들어 '어떤 의사들은 부유하다'는 명제는 '어떤 부유한 사람들은 또한 의사'라는 뜻이 들어 있다. 그러나 '대부분의 의사는 부자이다'는 명제가 '대부분의 부유한 사람들이 반드시 의사'라는 뜻을 나타내는 것은 아니다.

상호 배타성과 상호 포용성

앞의 다이어그램은 상호 배타성, 중복, 상호 포용성의 개념까지 요약해서 보여주고 있다. 두 개의 원은 완전히 떨어져 있거나 서로 겹치거나 하나의 원이 다른 원 안에 포함되어 있다. 기본적으로 두 원의 관계는 아홉 가지로 나뉜다.

다른 명제, 같은 의미

다이어그램을 통해서 명제들의 관계를 시각적으로 알아봤다면, 이제는 실제로 문장을 읽어보면서 명제들의 관계를 파악해볼 차례이다. 뒤에 나오는 [표 5.4]는 논리적으로 같은 뜻을 지닌 명제를 간략하게 보여주고 있다.

첫 번째 상호 포용성 부분을 살펴보자. '모든 고양이들은 포유동물이다', '고양이는 포유동물이다', '고양이라면 포유동물이다', '포유동물이어야만 고양이다' 등의 명제들은 모두 같은 의미를 지니고 있다.

표 5.4 논리적 등치 명제

	상호 포용성	상호 배타성	중복
'모든'형 명제	• 모든 고양이들은 포유동물이다. • 고양이는 포유동물이다. • 고양이라면 포유동물이다. • 포유동물이 아닌 모든 동물은 고양이가 아니다.	• 모든 고양이는 새가 아니다. • 모든 새는 고양이가 아니다.	해당사항 없음
'오직'형 명제	• 포유동물만이 고양이다. • 포유동물이어야만 고양이다.	• 새가 아닌 동물들만 고양이다. • 고양이가 아닌 동물들만 새다.	해당사항 없음
'전혀'형 명제	• 포유동물이 아닌 고양이는 없다. • 포유동물이 아니라면 어떤 동물도 고양이가 아니다.	• 어떤 고양이도 새가 아니다. • 어떤 새도 고양이가 아니다. • 고양이가 아닌 것은 새다. • 새가 아닌 것은 고양이다.	해당사항 없음

'~라면 ~이다' 명제	• 고양이라면 포유동물이다. • 포유동물이 아니라면 고양이가 아니다.	• 고양이라면 새가 아니다. • 새라면 고양이가 아니다.	해당사항 없음
'어떤'형 명제	해당사항 없음	해당사항 없음	• 어떤 포유동물은 바다에 산다. • 바다에 사는 어떤 동물은 포유동물이다.
'대부분' 명제	해당사항 없음	해당사항 없음	• 대부분의 포유동물은 바다에 살지 않는다. • 바다에 사는 대부분의 동물은 포유동물이 아니다.

34번~42번 문제의 답은 305~310쪽에 있다

■ **문제 34. 화학자**

어떤 사람이 화학자라면 그는 과학자이다. 주브린스키 양은 과학자이다. 그러므로 화학자이다.

다음 중 위 논증이 타당하지 않은 이유를 가장 잘 설명한 것은 무엇인가?

A) 어떤 사람이 과학자가 아니면서 화학자일 수는 없다. 그러므로 화학자가 아니면서 과학자일 수도 없다.

B) 어떤 사람이 과학자가 아니면서 화학자일 수는 없지만, 화학자가 아니면서 과학자일 수는 있다.

C) 어떤 사람이 화학자가 아니면서 과학자일 수는 없지만, 과학자가 아니면서 화학자일 수는 있다.

D) 어떤 사람은 화학자가 아니면서 과학자일 수 있고, 과학자가 아니면서 화학자일 수 있다.

E) 어떤 사람이 과학자나 화학자, 어느 한쪽에도 안 속할 수는 없다.

잠깐! 조건 명제의 순서를 바꾸지 않도록 주의한다. 명제 'A라면 B이다'와 명제 'B라면 A이다'는 다르다. 이것을 후건 긍정의 오류하고 한다.

문제 35. 복잡한 줄거리

각본 작가에게 필요한 재능 중 하나는 복잡한 줄거리를 만들어내는 능력이다. 탄탄하게 구성된 줄거리는 관객에게 지적이고 감정적인 만족감을 보장한다. 따라서 각본이 중요한 예술 작품이라는 위치를 유지하려면, 각본 작가는 계속해서 복잡한 줄거리를 구성하는 데 공을 들여야 한다.

다음 중 화자가 가장 동의할 것 같은 내용은 무엇인가?

A) 어떤 각본의 줄거리가 복잡하다면, 중요한 예술임에 틀림없다.

B) 중요한 예술 작품이 아니라면 줄거리가 복잡하지 않을 것이다.

C) 각본의 줄거리가 복잡하지 않다면 중요한 예술 작품이 아닐 것이다.

D) 각본은 중요한 예술 작품이 될 가능성이 가장 높은 분야다.

E) 각본 작가는 자신의 원고 안에서 다양한 줄거리를 만들어내야 한다.

잠깐! 'A라면 B이다'는 명제를 통해 'B가 아니면 A가 아니다'는 논리적 추론이 가능하다. 이것이 바로 대우 명제다.

문제 36. 교내 술집

기말고사 기간에는 교내 술집의 맥주 판매량이 높아진다. 그러나 지금은 기말고사 기간이 아니므로 교내 술집의 맥주 판매량은 낮을 것이다.

다음 중 위 논증과 논리적으로 가장 유사한 것은 무엇인가?

A) 사람들은 행복할 때 미소를 짓는다. 그러나 지금은 누구도 미소를 짓지 않고 있으니 이 중에서 행복한 사람은 한 명도 없을 것이다.

B) 사람들은 행복할 때 미소를 짓는다. 지금 우리 가족은 행복하기 때문에 미소 짓고 있는 것이다.

C) 사람들은 행복할 때 미소를 짓는다. 그러나 미소를 짓는다고 해서 항상 행복한 것은 아니다.

D) 사람들은 행복할 때 미소를 짓는다. 그러나 지금은 누구도 행복하지 않기 때문에 아무도 미소를 짓지 않는다.

E) 사람들은 행복하지 않을 때 미소를 짓지 않는다. 우리 가족은 미소를 짓고 있으므로 행복한 것이 틀림없다.

잠깐! 'A라면 B이다'는 명제와 'A가 아니면 B가 아니다'는 명제는 같지 않다. 이것을 전건 부정의 오류라고 한다.

문제 37. 발코니

만약 당신이 살고 있는 아파트가 5층을 넘는다면, 그 아파트에는 발코니가 있을 것이다.

다음 중 위 진술에서 논리적으로 추론할 수 있는 것은 무엇인가?
 A) 5층짜리 아파트에는 발코니가 없다.
 B) 5층을 넘지 않는 아파트에는 발코니가 없다.
 C) 5층을 넘는 모든 아파트에는 발코니가 있다.
 D) 모든 발코니는 5층을 넘는 아파트에 설치된다.
 E) 발코니는 5층을 넘지 않는 아파트에는 설치되지 않는다.

잠깐! 'A라면 B이다'는 명제가 있다고 해서 '만약 A가 아니라 C나 D, E라면 B가 될 수 없다'는 뜻은 아니다.

문제 38. 지구 온난화

자크: 지구 온난화를 막고 싶다면 배기가스를 줄이기 위한 법안을 통과시켜야 돼.

피에르: 아니야. 법안을 통과시키는 것만으로는 안 돼. 그 이상의 노력이 필요해.

피에르의 대답은 적절하지 않다. 그는 지금 자크의 말을 잘못 이해하고 있다. 피에르는 자크의 말을 어떻게 오해하고 있는지 다음 중에서 골라라.

A) 배기가스를 줄이는 법안을 통과시키는 것은 지구 온난화를 막는 데 필요한 일이다.
B) 배기가스를 줄이는 법안만이 지구 온난화를 막을 수 있다.
C) 지구 온난화를 막으려면 배기가스를 줄이는 법안을 통과시켜야 한다.
D) 배기가스를 줄이기 위한 법안을 통과시키는 것으로 지구 온난화를 막기에 충분하다.
E) 지구 온난화는 단순히 배기가스를 줄이는 법안을 통과시키는 것만으로는 막을 수 없다.

잠깐! 필요조건과 충분조건은 같지 않다. '사람은 건강을 유지하기 위해 물이 필요하다'는 명제를 생각해보자. 건강을 유지하기 위해 필요한 것은 물만이 아니다. 물은 사람이 건강을 유지하기 위한 필요조건이지만 충분조건은 아니다.

문제 39. 판매원의 자격

데브라: 유능한 판매원이 되려면 친절해야 돼.

톰: 그렇지 않아. 유능한 판매원이 되려면 친절함 그 이상이 있어야 해.

톰은 데브라의 말을 어떤 의미로 이해했는지 다음 중에서 골라라.

A) 친절함은 유능한 판매원의 가장 중요한 특징이다.

B) 만약 어떤 사람이 유능한 판매원이라면 그 사람은 친절할 것이다.

C) 유능한 판매원이 되려면 친절하기만 하면 된다.

D) 친절한 사람 모두가 유능한 판매원은 아니지만 대부분의 유능한 판매원은 친절하다.

E) 만약 어떤 사람이 친절하지 않다면 유능한 판매원은 되지 못할 것이다.

잠깐! 명제 'A라면 B이다'와 '오직 A만이 B이다'는 같지 않다. '맛있는 샐러드를 만들고 싶다면 토마토를 이용해야 한다'는 명제를 '맛있는 샐러드를 만들려면 토마토만 필요하다'는 의미로 해석하지 말아야 한다.

문제 40. 축구

마리: 브라질 월드컵 축구팀의 선수들은 모두 훌륭해.

베스: 뭐라고? 이탈리아 월드컵 축구팀에도 세계적으로 뛰어난 선수들이 있어.

베스의 대답을 살펴보면 그녀가 마리의 말을 잘못 이해했다는 것을 알 수 있다. 베스는 마리의 말을 어떻게 오해하고 있는지 다음 중에서 골라라.

A) 브라질 월드컵 축구팀 선수들만 훌륭하다.

B) 마리는 브라질 월드컵 축구팀을 최고의 축구팀이라고 생각한다.

C) 이탈리아 축구팀 선수들은 브라질 축구팀 선수들보다 덜 훌륭하다.

D) 두 팀이 경기를 한다면 브라질 월드컵 축구팀이 이탈리아 월드컵 축구팀을 이길 가능성이 높다.

E) 브라질 월드컵 축구팀의 선수들은 이탈리아 축구팀 선수들처럼 개인별 기량이 뛰어날 것이다.

잠깐! '모든 A는 B이다'와 '오직 A만이 B이다'는 같지 않다. '모든 고양이는 포유동물이다'는 명제를 '고양이만이 포유동물이다'는 의미로 해석하지 말아야 한다.

문제 41. 의료계

모든 외과 의사는 의사이다.
일부 연구원들은 외과 의사이다.
모든 의사는 의료면허가 있다.
의료면허가 있는 학생은 없다.

위 진술들이 모두 참이라면, 다음 중 확실히 거짓인 명제는 무엇인가?

A) 의사는 연구원이 아니다.

B) 어떤 외과 의사는 연구원이 아니다.

C) 어떤 연구원은 의사이지만 외과 의사는 아니다.

D) 어떤 외과 의사는 의료면허가 있지만 연구원은 아니다.

E) 어떤 연구원은 외과 의사도 아니고 의료면허도 없다.

잠깐! '모든' 명제는 상호 포용성을 지니고 있고, '어떤' 명제는 상호 포용성과 상호 배타성을 둘 다 지니고 있으며, '전혀' 명제는 상호 배타성을 지닌다.

문제 42. 밸리 고등학교

교과과정 자문관은, 밸리 고등학교 입학등록처에서 입수한 자료를 바탕으로 현재 진행 중인 수강신청 상황을 아래와 같이 파악했다.

수학을 선택한 학생 중 프랑스어 수업을 듣는 사람은 없다.

물리학을 선택한 모든 학생은 수학 수업을 듣는다.

수학을 선택한 대부분의 학생은 영어 수업도 듣는다.

영어를 선택한 일부 학생은 창작 수업도 듣는다.

위 진술들이 모든 참이라고 했을 때, 다음 중 확실히 거짓이라고 말할 수 있는 명제는 무엇인가?

A) 창작 수업을 듣는 어떤 학생은 프랑스어 수업도 듣는다.

B) 물리학을 선택한 대부분의 학생은 영어 수업을 듣는다.

C) 수학을 선택한 어떤 학생은 물리학 수업을 듣는다.

D) 영어를 선택한 어떤 학생은 수학 수업도 듣는다.

E) 물리학을 선택한 어떤 학생은 프랑스어 수업도 듣는다.

잠깐! '어떤' 명제 형식은 상호성을 내포하고 있지만 '대부분' 명제 형식은 그렇지 않을 때도 있다.

독해력 높이기

우디 앨런은 한때 이런 농담을 했었다. "속독 수업을 듣고 나서『전쟁과 평화』를 20분 만에 읽었다. 러시아 이야기였는데 말이다."

이 장에서는 독해력을 높이고 싶은 사람들이 응용할 수 있는 내용을 알아보고자 한다. 독해력은 대학수학능력시험이나 일반 대학원, 법대나 의대 대학원 시험을 포함한 사실상 거의 모든 시험에서 막강한 영향력을 행사한다. 심지어 취업시험에도 해당된다.

일반적으로 독해력을 요구하는 지문은 2~4개 단락으로 이루어져 있고, 지문 당 3~6개의 객관식 문제가 이어진다. 각 지문을 읽어보고 직접 명시되어 있거나 은유적으로 의미하는 바를 바탕으로 해서 가장 알맞은 답을 선택해야 한다.

전략 짜기

(1) 내용을 읽고 주제, 범위, 논점을 파악한다.

각 지문의 논점을 이해하는 일은 매우 중요하다. 지문을 읽으면서 스스로에게 물어본다. "이 글의 논점은 무엇인가? 글쓴이의 논점이 어느 방향으로 가고 있는가?" 즉 '글쓴이가 이 글을 쓴 이유가 무엇인지' 생각해봐야 한다.

(2) 우선 첫 문장을 읽고 내용을 건너뛴 채 맨 마지막 문장을 읽는다.

지문의 첫 번째 문장을 읽은 뒤 맨 마지막 문장을 읽고 다시 처음으로 돌아와 전체 내용을 읽어본다. 이유가 무엇일까? 결론이 맨 마지막에 있을 수도 있기 때문이다. 결론을 빨리 알게 되면 저자가 어느 쪽으로 논의를 끌고 가는지 알 수 있게 되고 그와 관련된 세부적인 내용을 기억하는 데 도움이 된다.

(3) 구조를 파악하고 관점의 개수와 관점 사이의 관계, 중요한 지시어에 주의를 기울인다.

'그렇지만', '하지만', '게다가', '따라서' 등 지시어에 계속 주의를 기울인다. 이러한 지시어는 글의 흐름에 큰 영향을 미칠 수 있다. 그 다음에는 단락의 개수와 제시된 관점의 수를 파악한다. 보통 하나의 단락은 하나의 관점을 나타낸다. 독해력을 요구하는 지문들은 대부분 두 개의 관점을 함께 포함하고 있으므로 흑백을 나누듯이 단순하게 정리하면 도움이 될 것이다. 성격 발달에 관한 가설을 읽고 있다고 해보자. 지문이 세 단락이라면 단락 사이의 관계를 먼저 살펴봐야 한다. 첫 번째 단락은 서론, 두 번째 단락은 성격 발달에 대한 사회학자들의 관점, 세 번째 단락은 성격 발달에 대한 생물학자들의 관점으로 되어 있다고 했을 때, 그 관계를 파악하고 나면 전체 내용이 훨씬 더 눈에 잘 들어온다.

(4) 범위에서 벗어나 있거나 사실을 왜곡하거나 사실과 반대되는 내용 등 일반적인 오답부터 보기에서 제외한다.

흔히 발견되는 세 가지 오답 유형이 있다. 범위에서 벗어나 있거나 사실과 반대되는 내용이거나 왜곡된 내용과 관련된 보기들이다. 주의할 점이 있다. 비판적 추론을 요구하는 문제에서는 대부분 관련 없는 내용의 보기가 오답이지만, 독해력을 요구하는 문제에서는 그것이 일반적인 오답 유형이 아닐 수도 있다.

독해 기술

신문을 가볍게 훑어볼 때와 시험시간에 지문을 분석할 때는 분명 다른 차원의 읽기 능력이 필요하다. 시험과 관련된 지문을 읽을 때는 좀 더 특별한 읽기 기술이 필요한데, 그럴 때 반드시 언급되는 다섯 가지 영역이 있다. 지문의 유형, 지문의 내용, 지문의 구조, 지문의 문제 유형, 오답 유형이 바로 그것이다.

① 지문의 유형
- 사회과학
- 과학

② 지문의 내용
- 주제
- 범위
- 목적

③ 지문의 구조
- 접속어 또는 지시어
- 단락의 개수와 역할
- 관점의 개수와 관계

④ 지문의 문제 유형

- 개요를 묻는 문제
- 명백히 세부적인 내용을 묻는 문제
- 추론할 수 있는 내용을 묻는 문제
- 어조를 묻는 문제
- 지문 구조를 묻는 문제

⑤ 일반적인 오답 유형
- 범위에서 벗어난 내용
- 반대되는 내용
- 왜곡된 내용
- 관련이 없는 내용
- 너무 일반적인 내용
- 너무 세부적인 내용

지문의 유형

독해력을 요구하는 지문으로 자주 등장하는 세 가지 기본 주제는 사회과학, 과학, 경제 · 경영이다. 이 중에서 경제 · 경영은 과학보다는 사회과학과 더 비슷하기 때문에 사회과학 유형 안에 넣어도 큰 무리는 없다. 사회과학 지문과 과학 지문의 차이점을 살펴보면, 과학 지문이 주로 객관적인 경향에 대해 설명하고 있다면 사회과학 지문은 주관성을 띠며 주로 이론적인 주장을 펼친다. 또한 사람, 사회, 제도를 다루는 사회과학은 개념, 견해, 추측의 영역인 반면에 자연과 우주를 다루는 과학은 현상, 이론, 상세한 기술의 영역이다.

관점(아이디어)과 아이디어의 흐름(순서)은 일반적으로 과학보다 사회과학에 관한 글을 읽을 때 더 중요하다. 사회과학 지문을 이해하려면 글쓴이의 입장을 파악해야 한다. 이것은 마치 강에서 하는 래프팅과 같아서 독자는 구불구불한 강을 따라가면서도 보트에서 떨어지지 않도록 정신을 차려야 한다. 즉 여러 가지 정보와 의견 사이에서 글쓴이의 관점을 꽉 붙잡고 따라가야 하는 것이다. 반면에 과학 지문을 분석하는 것은 고고학을 탐구하는 것과 비슷하다. 파야 할 곳을 정했다면 작은 조각들을 끝없이 추적해 나가야 한다.

지문의 내용

내용을 잘 이해할수록 주제와 관련된 질문에 올바른 답변을 하게 될 가능성이 높아진다. 지문의 내용은 주제, 범위, 목적 이렇게 세 가지 부분으로 나누어서 분석할 수 있다.

주제는 지문이 다루고 있는 광범위한 소재다. 범위는 주제 가운데서도 글쓴이가 특히 집중하고 있는 특정 분야다. 목적은 글쓴이가 글을 쓰게 된 이유를 뜻한다. 즉 주제와 범위는 지문의 내용이고 목적은 글을 쓴 이유에 해당한다.

지문을 읽으면서 '주제—범위—목적'을 찾는 훈련을 꾸준히 해보는 게 좋다. 어떤 글을 읽을 때마다 지문의 주제와 범위, 목적이 무엇인지 스스로에게 물어본다. 다음의 지문을 읽어보자.

> 고래는 동물들 중에서 덩치가 가장 큰 포유류다. 고래라고 하면 대부분의 사람들이 게으르고 뚱뚱하고 넓은 바다를 어슬렁거리면서 거대한 몸을 유지하기 위해 엄청난 양의 먹이를 먹어대는 모습을 떠올린다. 반면에 개미라고 하면 부지런하고 적게 먹으면서도 자기 몸의 두 배나 되는 물건들을 은신처로 나르느라 바빠 움직이는 모습을 떠올리는 경향이 있다. 그러나 개미는 매일 자신의 몸무게와 동일한 양을 먹는 반면 고래는 하루 종일 자기 몸무게의 1000분의 1 정도밖에 먹지 않는다. 실제로 모든 생물의 먹이 소비량과 몸집을 비교해보면, 고래가 지구상에서 먹이 효율이 가장 뛰어난 생물 중 하나라는 사실을 알 수 있다.

이 글의 주제는 무엇인가? 당연히 고래이다. 주제를 '동물의 왕국'으로 착각하지 않도록 한다. 범위는 무엇인가? 고래가 먹는 양이다. 글의 목적,

즉 글쓴이가 이 글을 쓴 이유는 무엇인가? '많이 먹는 애물단지'로 알려져 있는 고래에 대한 오해를 벗겨내고, 실제로는 고래가 먹이 효율이 높은 동물이라는 것을 알리려는 데 있다.

지문의 구조

지문의 구조를 분석하는 두 가지 방식이 있다. 미시적인 방법과 거시적인 방법이다. 미시적으로 분석하려면 지문의 흐름을 알려주는 접속사를 따라가는 게 좋다. '그러나', '그렇지만' 등의 접속사는 언어 세계의 신호등이다. 이러한 접속사는 글 속에서 연속성, 설명, 대조와 결론을 보여준다. 다음에 이어지는 표 A를 참고하자.

거시적 분석은 지문의 내용을 전체적으로 보고 살피는 것이다. 그때 단락의 수와 각각의 역할을 파악하는 것도 중요하지만, 내용에 담긴 관점의 수와 관점 사이의 관계를 파악하는 것도 중요하다. 두 가지 이상의 관점이 존재한다면, 그 관점 사이의 관계는 한정적이다. 이 부분은 뒤에 나오는 표 B를 참고하면 이해하기 쉬울 것이다.

표 A. 접속사

Ⅰ. 연속 접속사

파란불

"같은 흐름으로 계속 읽으세요."

- 게다가
- 뿐만 아니라
- 한편으로는
- 의심할 여지없이
- 우연히도

Ⅱ. 설명 접속사

깜빡이는 파란불

"속도를 줄이고 내용을 살피세요."

- 첫째, 둘째, 셋째
- 예를 들면
- 가령
- 사실상
- 좋은 예로

Ⅲ. 대조 접속사

깜빡이는 노란불

"곧 흐름이 바뀝니다."

- 그렇지만
- 그러나
- 한편
- 반면에
- ~에 반해서
- 반대로

Ⅳ. 결론 접속사

빨간불

"이제 곧 결론에 도착합니다."

- 마지막으로
- 마침내
- 분명히
- 따라서
- 그러므로
- 그래서
- 그 결과
- 결과적으로

표 B. 지문의 구조와 관점

하나의 관점

글쓴이가 자신이 동의하는 하나의 관점을 제시한다.

구조: [=A]

예: "유전은 성격 발달에 있어 가장 중요한 요인이다. 이 주제를 살펴보자."

글쓴이가 자신은 동의하지 않는 하나의 관점을 제시한다.

구조: [≠ A]

예: "녹색은 다양하게 쓰일 수 있는 색이 아니다. 거기에는 여러 가지 이유가 있다."

두 가지 관점

서로 상충되지 않는 관점: 비교나 대립 없이 두 가지 관점을 제시한다.

구조: [A, B]

예: "금은 귀한 금속이고 다이아몬드는 귀한 보석이다."

보완이 되는 관점: 하나의 관점은 다른 관점을 기반으로 한다.

구조: [A → B]

예: "자동차의 발명이 비행기의 발명을 앞당겼다."

상충되는 관점: 두 개의 관점 중 한쪽은 중요하고 나머지 한쪽은 그보다 덜 중요하다고 가정한다.

구조: [A 〉B or B 〉A]

예: "성격 발달에 있어서 환경이 유전보다 더 중요한 요인이다."

세 가지 관점

상충되지 않는 관점: 세 가지 관점이 비교나 대립 없이 제시된다.

구조: [A, B, C]

예: 과일과 채소, 단백질은 건강한 식단을 구성하는 요소다.

보완이 되는 관점: 앞에 두 관점의 결과가 세 번째 관점으로 이어진다.

구조: [A + B → C]

예: 자동차와 제트기의 발명이 우주선의 발명을 앞당겼다.

상충되는 관점: 세 가지 관점 중 한 가지는 확실히 중요하고 나머지 둘은 그보다 덜 중요한 것으로 간주한다.

구조: [C 〉A or B]

예: 치료법 C는 치료법 A나 B보다 더 효과적인 치료제이다.

이제는 각 단락이 어떤 역할을 하는지 살펴보자. 시작 부분에 있는 단락은 일반적으로 서론이다. 그 뒤로 이어지는 각 단락은 하나의 관점이나 개념을 포함한다.

독해력을 요구하는 지문의 가장 일반적인 형태는, 한 가지 혹은 두 가지 관점이 함께 있는 경우다. 물론 하나의 지문 안에 세 가지 관점이 함께 있는 경우도 있다. 앞에서 언급했듯이 관점은, 과학 지문보다는 사회과학 지문에서 더 중요한 역할을 담당한다. 사회과학 지문은 대개 주관적이고 논쟁적이기 때문이다.

지문의 문제 유형

독해력을 물어보는 문제에는 다섯 가지 기본 유형이 있다. ①개요 문제, ②명백하게 드러나 있는 세부적인 내용을 묻는 문제, ③추론 문제, ④어조 문제, ⑤지문 구조 문제가 그것이다. 다음은 질문 유형별 예시다.

개요 문제

"이 지문의 주 목적은 ~이다"

"다음 중 글쓴이의 중심 생각은?"

개요를 묻는 문제는 당연히 글의 주된 목적이나 중심 생각을 묻는다.

세부적인 문제

"지문에 따르면 글쓴이가 언급한 내용은 ~이다."

이렇게 답이 매우 직접적으로 나오는 경우에 해당한다. 질문도 직접적이기 때문에 지문을 읽고 실제 지문 안에 쓰인 단어나 문장을 확인한다.

추론 문제

"위 지문에서 추론할 수 있는 내용은……."

"글쓴이가 의미하는 바는……."

추론 문제에 제대로 답하려면, 지문 속의 정보를 바탕으로 추론할 수 있는 내용과 지문의 범위 밖에서 알 수 있는 내용을 구분해야 한다.

어조 문제

"신비주의에 대한 글쓴이의 태도를 가장 잘 설명한 것은⋯⋯."

어조를 묻는 문제는, 지문의 특정한 부분에 나타난 '온도'가 어떠한지 묻는 것이다. 예를 들어 글쓴이는 신비주의를 설명하면서 냉정하고 차가운 태도를 보일 수도 있고, 열광적인 태도를 보일 수도 있다.

지문 구조 문제

"다음 중 이 지문의 구조를 가장 잘 설명한 것은 무엇인가?"

지문 구조 문제는 지문 전체의 구조나 일부분의 구조에 대해 묻는다.

뒤에 나오는 표 C는 객관식으로 나온 독해 문제에서 오답을 찾아낼 때 유용하다. 정답은 늘 한가운데에 있기 마련이다. 오답들은 거의 언제나 관련이 없거나, 너무 세부적이거나, 너무 일반적이거나, 진실이 아니다. 즉 하나의 정보나 관점에 지나치게 치우쳐져 있다.

물론 이때에도 주의할 게 있다. 첫째, 표 C에서 다룬 오답 유형은 개요 문제, 명백히 세부적인 문제, 추론 문제에 관해서만 유용하다. 이 세 가지 문제 유형은 독해 문제에서 가장 자주 출제되는 '빅3'다. 고맙게도 가장 일반적인 형태의 지문이기 때문에 표 C의 법칙을 적용해서 오답을 제거해나간다 해도 문제될 게 거의 없다. 둘째, 너무 일반적인 내용과 너무 세부적인 내용을 강조하는 게 오답일 경우는 개요 문제에만 해당된다. 즉 명백히 세부적인 내용이나 추론을 묻는 경우라면 그 두 가지의 경우가 오답이 아닐 가능성도 있다. 명백히 세부적인 내용 및 추론 문제 유형에서는 주로 범위를 벗어난 내용, 의미를 반대로 바꾸어놓았거나 왜곡한 내용이 오답이다.

표 C. 객관식 보기에서 오답을 골라내는 법

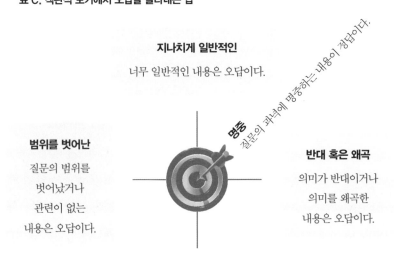

지나치게 일반적인

너무 일반적인 내용은 오답이다.

범위를 벗어난

질문의 범위를
벗어났거나
관련이 없는
내용은 오답이다.

명중
질문의 과녁에 명중하는 내용이 정답이다.

반대 혹은 왜곡

의미가 반대이거나
의미를 왜곡한
내용은 오답이다.

너무 세부적인

내용이 너무 세부적이면 오답이다.

일반적인 오답 유형

범위를 벗어난 유형: 지문 속의 정보를 바탕으로 대답할 수 없는 내용은, 범위에서 벗어난 것이다. 그 내용이 실제로 진실일 수도 있고 거짓일 수도 있지만, 지문에 제시된 정보를 근거로 판단할 수 없다면 오답이다.

관련이 없는 유형: 주제와 관련이 없는 내용은 당연히 오답이다. 범위를 벗어난 유형은 아주 약간이나마 지문과 관련된 내용을 포함하고 있지만, 관련이 없는 유형은 아예 다른 내용을 제시한다. 활과 화살을 가진 양궁선수가 있다고 생각해보자. 범위를 벗어났다는 뜻은, 올바른 방향으로 활을 쏘았으나 과녁을 명중시키지는 못했다는 뜻이다. 그러나 관련이 없다는 것은 양궁선수가 그쪽으로 활조차 쏘지 않았다는 뜻이다.

반대형: 지문이 암시하고 있는 내용이나 지문에 드러난 관점 혹은 진술과 반대되는 내용을 보여준다. 부정어를 넣거나 빼거나 반의어를 덧붙여서 의미를 반대로 바꾸어놓는다. '불운하게'는 '운 좋게', '유리한'은 '불리한'으로, '적용할 수 없는'은 '적용할 수 있는' 이런 식으로 문장을 교묘하게 바꾸어서 제시하는 오답 유형이다.

왜곡형: 지문이 암시하거나 지문에 표현된 대상의 의미를 왜곡해서 보여

준다. '좋은'이라는 단어의 의미와 '최고'라는 단어의 의미는 같지 않다. 왜 곡형은 일반적으로 '어떤', '모든', '항상', '할 수 없다', '절대', '오직', '유일하게' 등 단정적인 의미를 가진 단어나 극단적인 표현을 사용한다.

너무 일반적인 유형: 개요를 묻는 문제에만 나오는 오답 유형이다. '1980 년대 중남미 무역의 불균형'에 대한 논의는 '현대 세계 경제의 관행'에 대한 논의와는 다르다. 후자의 범위가 훨씬 넓다. '세계'는 '중남미'보다, '현대'는 '1980년대'보다 넓은 범위이며, '무역 불균형'은 '경제'에 포함된다. 즉 후자의 논의는 전자의 논의에 비해 너무 일반적이다.

너무 세부적인 유형: 이것 역시 개요를 묻는 문제에만 나오는 유형이다. '파리지옥 풀의 증식'에 관한 논의는 '식물의 생식체계'를 다루는 논의보다 훨씬 구체적이다.

개요를 묻는 문제라면, 주제와 관련되어 있지만 지나치게 일반적이거나 지나치게 세부적이지 않은 내용이 정답이다.

그렇다면 이번에는 시험 출제자가 어떻게 오답 유형을 만드는지 한번 살펴보자. 다음 지문을 읽어보자.

원문: 성공은 특별한 현상이다. 성실하거나 능력이 있거나 운이 좋거나

혹은 이 세 가지 중 몇 가지가 결합됐을 때 이룰 수 있다.

다음은 원문을 바탕으로 꾸며낸 오답 유형이다.

범위에서 벗어난 유형:

"성공에서 가장 중요한 요인은 성실함이다."

(해설: 성실함이 성공의 가장 중요한 요소인지 원문을 통해서는 알 수 없다.)

"성공에 있어서 성실함이 실력보다 더 중요하다."

(해설: 비교가 적절하지 않다. 상대적인 조건에서는 어떤 요소가 더 중요한지 알 수 없다.)

관련이 없는 유형:

"성실함이나 실력 혹은 운으로 성공한 사람은 스스로의 삶이 의미가 없다고 생각한다."

(해설: 원문에서는 성공하는 방식만 다루고 있을 뿐 성공 이후의 삶은 나오지 않았다.)

반대 유형:

"성실하거나 능력이 있거나 운이 좋은 사람은 성공할 것 같지 않다."

(해설: 원문의 주장을 반대로 서술했다.)

왜곡 유형:

"오직 성실해야만 성공할 수 있다."

(해설: 능력이 있거나 운이 좋아도 성공할 수 있다. '오직'이라는 단어가 의미를 왜곡한다.)

"성실한 사람은 실패에 대한 어떤 위험도 감수할 필요가 없다."

(해설: '어떤'이라는 단어가 원래 문장의 뜻을 왜곡시켰다. 범위에서 벗어난 유형으로도 볼 수 있다. 원문은 '실패'에 대해서는 언급하고 있지 않다.)

"성실하거나 실력이 있거나 운이 좋은 사람은 위대한 일을 성취할 수 있다."

(해설: '위대한 일'과 '성공'의 의미는 다르다. '위대한 일'은 '성공'보다 한 차원 높은 성취다. 이것 역시 범위에서 벗어난 유형으로도 볼 수 있다. 위대한 일을 이루기 위해 필요한 것들은 원문에 나와 있지 않다.)

문제에 따른 오답 유형

기본적인 오답 유형을 이해했다면 이제 이것을 다양한 독해 문제에 어떻게 적용시킬 수 있는지 알아보자.

개요 문제

개요 문제를 풀 때 오답을 피하는 네 가지 방법은 다음과 같다.

① 주제어가 없는 보기는 제외한다. 이 방법은 238쪽의 1번 문제를 푸는 데 효과적이다.

② 너무 세부적인 내용의 보기는 피한다. 그것이 정답일 수도 있지만, 개요 문제에서는 오답이다.

③ 너무 일반적인 답은 피한다. 너무 포괄적이어서 주어진 주제를 제대로 설명할 수 없다.

④ 가능하면 동사를 살펴본다. 즉 보기에 나오는 동사를 살펴보고 지문과 어울리지 않는 동사를 제거한다. '서술하다', '논의하다', '설명하다', '논쟁하다', '비판하다'는 독해 지문에서 흔히 볼 수 있는 다섯 개의 동사이다. '논쟁하다'는 주로 사회과학 지문에 나오고, '서술하다'는 과학 지문에 주로 나온다. '논의하다'와 '설명하다'는 사회과학과 과학 지문 양쪽에서 볼 수 있다. 과학 지문과 관련된 개요 문제라면 '비판하다'를 포함한 내용이 오답일 확률이 높다. 비판적이고 주관적인 서술보다는 객관적인 서술이 필요한 지문이기 때문이다.

명백히 세부적인 문제와 추론 문제

명백히 세부적인 문제와 추론 문제라면 주로 반대되는 내용과 범위를 벗어난 내용을 포함한 보기가 오답이다. 보기에 나온 내용이 지나친 가정을 담고 있다면 주의해야 한다.

어조 문제

어조는 글쓴이의 태도이다. 어조와 관련해서는 긍정적, 부정적, 중립적 이렇게 세 가지 태도가 존재한다. 각각의 온도는 다 다르다. 보기 중 '단어의 조합이 혼란스러운 것'은 피하는 게 좋다. '오만한 경멸', '저절로 뒤섞인 연민'처럼 단어의 조합이 애매할 때는 그 의미를 정확히 파악하는 게 어렵기 때문이다. 시험 출제자는 시험을 치르는 사람이 혼란스럽고 복잡하게 보이는 보기에 끌린다고 생각하기 때문에 보기에 이런 유형을 슬쩍 끼워놓는다.

지문 구조 문제

독해 지문에는 대표적인 두 가지 구조가 있다. 첫 번째 구조는 사회과학 지문에서 종종 볼 수 있는 'A〉B'라는 구조이다. 사회과학 지문이 도발적이고 주관적이며 때로 논쟁을 일으키는 의도가 강하다는 점을 생각해봤을 때 이런 지문은 상반된 관점을 포함하고 있게 마련이며 그 중에서 하나의 관점을 선호하는 형태로 나타난다. 두 번째 구조는 과학 지문에서 주로 나오는 'A, B'라는 형태다. 이 형태에서는 두 가지 사건을 자세히 서술하지만 대조하지는 않는다. 과학 지문은 설명하는 글이기 때문이다. 따라서 글쓴이는 두 가지 중 어느 한 쪽에만 힘을 실지는 않는다.

지문의 구조와 관계없이 항상 세밀하게 구분해서 파악해야 하는 게 있다. 바로 글쓴이의 관점, 지문 속 정보와 증거이다. 글쓴이는 어떤 문제에 대해 한쪽에만 명백하게 유리한 정보를 보여줄 수도 있다. 한쪽의 입장을 더 지지하거나 선호할 경우에는 특히 그렇다. 그렇다고 해서 글쓴이가 반드시 그 관점을 지지하는 것은 아닐 수도 있다는 점을 기억하자. 예를 들어 글쓴이는 '일반적으로 과학계는 심령 연구에 대해 회의적이다'는 설명과 함께 그 이유를 제시할 수 있지만, 그렇다고 해서 글쓴이가 심령 연구에 대해 회의적이라고는 볼 수 없다.

제대로 추론하려면 글을 읽으면서 의미의 미묘한 차이를 파악해내는 능력이 필요하다. 아래 지문을 주의해서 읽은 뒤 이어지는 다섯 개의 질문에 답해보자. 답은 311~315쪽에 있다.

문제 43. 젊음과 교육

다음은 브리태니커 백과사전 편찬위원회 회장이자 '위대한 아디이어 연구센터(The Center for the Study of The Great Ideas)'의 공동 설립자인 모티머 애들러Mortimer J. Adler의 글에서 발췌한 내용이다.

40년이 넘는 시간 동안, 현재의 학교나 대학교를 졸업한 학생 중에 제대로 된 교육을 받은 학생들은 거의 없다는 확신이 나를 지배하고 있다. 만약 교육기관이 학생들을 가르치는 데 최선을 다했거나 모든 학생들이 객관적으로 아주 똑똑했거나 혹은 그들이 자신의 능력을 성실하게 발휘했다면 이런 생각은 하지 않았을 테지만 실제로 그런 경우는 매우 드물다. 이유는 단순하다. 젊음의 고유한 특징인 '미성숙함'이 교육을 받아들일 때 가장 커다란 장애물로 작용하기 때문이다. 현재 시행되고 있는 모든 수업은 젊은이들을 위한 것이지만, 실제로 교육이 완성되는 것은 그보다 훨씬 뒤의 일이다. 따라서 학교는 무엇인가를 가르치는 데 머무르지 말고 배움에 대한 열정을 북돋아서 나이가 들어서도 계속 배울 수 있게 도와주어야 한다.

'기본 개념과 문제를 충분히 이해하는 교양 있는 젊은이'라는 말은 '동그란 사각형'만큼이나 모순되는 개념이다. 젊은이는 앞으로 받을 교육을 준비할 수는 있지만 성숙한 남성과 여성만이 교양 있는 사람이 되며, 4·50대에 진정한 배움을 시작해야 60대가 된 이후에 진정한 통찰력, 현명한 판단력, 실용적인 지혜를 조금이라도 가질 수 있다.

물론 이러한 조언을 진지하게 받아들인다면 또래보다 훨씬 빠르게 성장할 수 있지만, 그것도 지적인 훈련을 경험하고, 필요한 기술을 배우고, 교육을 통해 기본적인 아이디어와 문제를 약간이나마 이해하면서 배움의 세계에 발을 디뎠을 때에 가능한 얘기다. 사실은 지적인 훈련을 받고 배움에 대한 흔들림 없는 애정을 지닌 채 학교를 졸업한 운 좋은 사람조차 교양 있는 사람이 되기까지 많은 것을 거쳐야 한다.

교육기관이 책임을 다하고 어른들이 제 역할을 다하면 모든 게 좋아질 것이다. 하지만 현재의 교육기관은 모든 것을 잘하려고 애쓰느라 정작 가장 중요한 역할은 하지 못하고 있다. 대부분의 어른들 역시 학교 과정이 끝나면 배움도 끝이라는 착각에 빠져서 제 역할을 하지 못한다.

젊을 때에는 노력해도 깨달을 수 없는 게 있다. 그것을 내 것으로 만들려면 끝없이 배워나가야 한다는 것을 이해해야만 궁극적인 배움에 도

달할 수 있다. 그 길은 가파르고 울퉁불퉁하지만, 학습 능력이 있고 배움의 목적을 이해하고 있는 사람이라면 누구나 오를 수 있다. 꾸준히 배워야 문화를 대표하고 전통을 수호하며 문화 발전에 기여할 수 있다고 생각하는 자가 진짜 교양 있는 사람이다.

43-1) 글쓴이가 이 글을 쓴 목적은 무엇인가?

A) 자신이 지니고 있는 교육 철학의 중요성을 알리기 위해서

B) 인문학을 가르치는 교사의 필요성을 알리기 위해서

C) '학교 수업'과 '진정한 교육'을 대조하기 위해서

D) 젊음은 교육에 방해가 된다고 말하기 위해서

E) 적극적인 토론이 동반된 읽기의 중요성을 언급하기 위해서

43-2)이 글에 의하면 지금 학교들이 우선적으로 해야 하는 것은 무엇인가?

A) 학생들의 기초적인 학업 지식을 높인다.

B) 교육의 목적을 제대로 드러내기 위해서 '학교 공부' 대신 '교육'이라는 단어를 사용한다.

C) 학생들에게 학교 교육을 통해서 학업적인 성취를 이루어낸 사람만이 교양 있는 사람이 될 수 있다고 강조한다.

D) 교육 과정을 마친 어른들의 의견을 꼼꼼히 조사한다.

E) 학생들이 장기적인 학습 능력을 습득할 수 있도록 돕는다.

43-3) 다음 중 이 글을 통해 추론할 수 있는 교양 있는 인간의 조건이란 무엇인가?

A) 열정보다 성숙함을 지녀야 한다.

B) 나이가 40세 이상이어야 한다.

C) 대학교를 졸업해야 한다.

D) 고전 문학을 읽어야 한다.

E) 자국의 문화를 이해하기 위해 다른 나라를 여행해야 한다.

43-4) 앞의 글에서 글쓴이가 언급했던 어른들은 다음 중 어떤 사람과 가장 비슷한가?

A) 무식한 참가자　B) 불운한 피해자　C) 양심적인 시민

D) 소중한 파트너　E) 오만한 범인

43-5) 앞의 글은 어떤 구조로 되어 있는가?

A) 실제 사례를 들어서 객관적인 분석을 뒷받침한다.

B) 글쓴이는 자신이 동의하지 않는 단 한 가지 명제를 보여주고, 오히려 그것을 통해서 자신의 주장을 강화시켰다.

C) 논제가 나오고 그것을 뒷받침하는 내용이 이어진다.

D) 대비되는 두 가지 의견이 나오고 뒤이어 그 아이디어들을 조정해나가는 글쓴이의 관점이 나타난다.

E) 하나의 대중적인 관점을 수많은 관점을 통해 비판한다.

부록

우리 편과 다른 논리만큼 추해 보이는 것은 없다.

— 할리패스Halifax —

추론할 때 기억해야 할 50가지

생각과 인식 사이

1. 세상을 있는 그대로 보지 않고 자신이 원하는 대로 보는 태도를 선택적 인식이라고 한다. 사람들은 누구나 조금씩 그런 태도를 지니고 있다. 그러니 상황을 정확하게 인식하고 싶다면 일단 판단을 미루고 고정관념이나 편견, 예외적인 경험이나 선입관에 휘둘리지 않도록 조심해야 한다.

2. 사고방식에 따라 사람들을 분석주의자, 이상주의자, 현실주의자, 통합주의자라는 네 가지 유형으로 나눌 수 있다. 그리고 이 분류는 다시 현실성과 감정 정도에 따라 더 세밀하게 나눌 수 있다.

창조적으로 생각한다는 것

3. 창의적으로 생각하는 것은 '뒷문으로 돌아서 들어가는 것'과 비슷하다.

4. 수렴적 사고는 기존의 생각에 초점을 맞추는 반면 확산적 사고는 기존의 생각을 확대한다.

5. 악마의 변호인 기술을 사용하면 좀 더 객관적이고 확장된 방식으로 생각할 수 있다.

6. 창의성을 방해하는 대표적인 세 가지는 '의문 제기하지 않기, 서둘러 아이디어 평가하기, 바보처럼 보일까봐 두려워하기'이다.

7. 아이디어를 죽이는 말과 아이디어를 키우는 말의 목록을 머릿속에 저장해둔다.

8. 아이디이는 많을수록 좋고, 엉뚱한 아이디어도 환영하며, 평가는 뒤로 미루고, 누구나 '히치하이킹'을 할 수 있도록 돕는다. 이것이 브레인스토밍을 할 때 기억해야 할 규칙이다.

9. 어떤 문제가 진짜 문제인지 생각해본다. 그리고 다시 정의해본다.

10. 창의적인 아이디어를 설득하는 과정에서 사람들은 논리적이고 세밀한 프레젠테이션보다 확신과 열정의 깊이에 더 감동받는다.

언제나 최선의 선택은 있다

11. T자형 메모를 통해 찬반 분석을 할 수 있다. 먼저 알파벳 T를 쓴 다음 양쪽에 찬성하는 이유와 반대하는 이유를 각각 써서 분석해본다.

12. 매트릭스란 두 가지 항목을 또 다른 두 가지 항목과 대조한 후 거기서 나올 수 있는 네 가지 가능성이나 결과를 다 함께 정리해놓은 도표다.

13. 의사결정-사건 트리는 의사결정 과정에서 나올 수 있는 여러 가지

결과를 그림으로 보여준다.

14. 하나의 확률 트리에서 뻗어 나간 가지들 끝의 숫자를 더하면 1이 되어야 한다. 개별적인 모든 확률의 합이 1인 것과 마찬가지다.

15. 가중서열은 가중평균을 이용해서 결과를 알아보는 방식이다. 각 경우의 가중치를 곱해서 최종 결론을 이끌어낸다. 확률의 경우에는 각 사건에 개별 확률을 곱한 뒤 결과의 합계를 낸다.

16. 효용성 분석은 결과가 얼마나 바람직한가를 기준으로 삼기 때문에 금전적인 이익과는 무관할 수도 있다.

17. 매몰비용은 미래의 의사결정과 관계가 없다.

18. 가설을 증명할 때는 두 사건 사이의 인과관계를 살펴봐야 한다. 그 것을 위해서 이원배치표를 사용할 수 있다.

19. 죄수의 딜레마를 통해 알 수 있는 것은, 경쟁할 때보다 협력했을 때 더 뛰어난 성과를 낼 수 있다는 사실이다.

논증이란 무엇인가

20. 논거에 전제를 더하면 결론이 된다. 전제는 논거를 결론에 붙여주는 접착제다.

21. 논증을 공격하는 방법은 두 가지다. 논거 공격하기와 전제 공격하기.

22. 사과를 오렌지와 비교하는 것, 적은 수의 표본을 과도하게 일반화하는 것, 관련이 있는 논거를 무시하는 것, 원인과 결과를 혼동하는

것, 계획을 실행에 옮겼을 때 실제로 발생할 수 있는 문제점을 간과하는 것. 이것들이 비판적 사고를 할 때 가장 흔하게 저지르는 다섯 가지 오류이다.

23. '범위가 변하는 경우'를 주의하자. 논증을 펼치면서 어떤 용어를 다른 용어로 바꿔서 사용하면 범위 자체가 바뀔 수도 있다.

24. 단어에 대한 정의를 바꾸면 비교 자체가 불가능하다.

25. 설문조사의 경우, 이 조사가 양적으로나 질적으로 대표성이 있는 표본을 적절하게 설정했는지 확인해야 한다.

26. 대표성 전제 오류는 규모가 작은 대상이 더 큰 전체를 대표한다고 생각할 때 일어난다.

27. 일반적으로 대표성 전제 오류는, 특정한 조건을 들어서 일반적인 상황을 주장할 때 발생한다.

28. 자신의 주장을 뒷받침하는 논거들만 모았는지 확인해본다.

29. 생략된 논거에 논증의 정당성을 결정하는 열쇠가 들어 있는 경우도 있다.

30. 상관관계와 인과관계는 같지 않다.

31. 인과관계 전제는 한 사건이 일어난 후 이어서 다른 사건이 일어났기 때문에 첫 번째 사건을 원인이라고 보고 두 번째 사건을 결과라고 보는 방식이다.

32. 인과관계의 시나리오를 반박할 때는 일단 대안적 인과관계를 생각

해본다. A가 B의 원인이라고 주장하고 있더라도, 사실은 또 다른 원인 C가 B의 원인이 된 것은 아닌지 확인한다.

33. 논증에서 A가 B의 원인이라고 주장하고 있다면, 또 다른 원인인 C가 A와 B 모두의 원인이 될 수 있는지 생각해본다.

34. A가 B의 원인이라면, 반대로 B가 A의 원인이 될 수 있는 가능성도 한번 생각해보자. 즉 역인과관계는 아닌지 생각해보는 것이다. 정말로 A가 B의 원인인지에 대해 의문을 품어보고 역으로 생각해서 확인해보는 방법이다.

35. 정반대의 시나리오를 확인해본다. 보름달이 범죄율을 높인다는 주장을 들었다면, 보름달이 안 뜰 때의 범죄율은 어떤지 확인해본다.

36. 이론과 현실을 분리해서 생각할 수 있어야 한다. 계획과 그 계획을 실행에 옮겨 마무리 짓는 것은 다르다. 계획이 문제없이 실행될 수 있다고 가정하지 말자.

37. '할 수 있다'와 '할 것이다'는 다르다. 무엇인가를 할 수 있는 능력이 있다고 해서 모두들 그 능력을 사용하는 것은 아니다.

38. 장애물을 미리 예상해보는 것은 실행 전제 오류를 걸러내기 위한 한 가지 방법이다.

39. 개인이나 조직이 기존 사실이나 상황, 조건을 알고 있었느냐에 따라 논증의 타당성이 달라질 수 있다.

40. 찾고 있는 것을 발견했다고 해서 누구나 그 사실을 바로 알아챌 수

있는 것은 아니다. 자신이 찾고 있는 것이 무엇인지 정확하게 알아

볼 수 있는 능력이 필요하다.

41. 논증에서 모호하게 표현된 용어가 있다면 명확하게 정의해야 한다.

논리 완전 정복

42. 조건 명제의 순서를 바꾸지 않도록 주의한다. 명제 'A라면 B이다'와

명제 'B라면 A이다'는 다르다. 이것을 후건 긍정의 오류라고 한다.

43. 'A라면 B이다'는 명제를 통해 'B가 아니면 A가 아니다'는 논리적

추론이 가능하다. 이것이 바로 대우 명제다.

44. 'A라면 B이다'는 명제와 'A가 아니면 B가 아니다'는 명제는 같지

않다. 이것을 전건 부정의 오류라고 한다.

45. 'A라면 B이다'는 명제가 있다고 해서 '만약 A가 아니라 C나 D, E라

면 B가 될 수 없다'는 뜻은 아니다.

46. 필요조건과 충분조건은 같지 않다. '사람은 건강을 유지하기 위해

물이 필요하다'는 명제를 생각해보자. 건강을 유지하기 위해 필요

한 것은 물만이 아니다. 물은 사람이 건강을 유지하기 위한 필요조

건이지만 충분조건은 아니다.

47. 명제 'A라면 B이다'와 '오직 A만이 B이다'는 같지 않다. '맛있는

샐러드를 만들고 싶다면 토마토를 이용해야 한다'는 명제를 '맛있

는 샐러드를 만들려면 토마토만 필요하다'는 의미로 해석하지 말

아야 한다.

48. '모든 A는 B이다'와 '오직 A만이 B이다'는 같지 않다. '모든 고양이는 포유동물이다'는 명제를 '고양이만이 포유동물이다'는 의미로 해석하지 말아야 한다.

49. '모든' 명제는 상호 포용성을 지니고 있고, '어떤' 명제는 상호 포용성과 상호 배타성을 둘 다 지니고 있으며, '전혀' 명제는 상호 배타성을 지닌다.

50. '어떤' 명제 형식은 상호성을 내포하고 있지만 '대부분' 명제 형식은 그렇지 않을 때도 있다.

누구나 저지를 수 있는 논증의 오류들

잘못된 논증의 유형을 논리적으로 알아내고 미리 피하는 것은 중요하다. 오류의 유형을 알고 있으면, 자신도 모르게 잘못된 논리를 펼치는 것을 막을 수 있다. 어떤 논증이 잘못됐다고 막연히 생각하는 것과 왜 잘못됐는지 구체적으로 말할 수 있는 것은 전혀 다르다. 이유를 모른 채 통증을 참고 있는 것과 진찰을 받아서 정확한 원인을 알고 있는 게 전혀 다른 것처럼.

여기서는 오류를 (1) 언어로 인한 오류, (2) 잘못된 증거로 인한 오류, (3) 잘못된 전제로 인한 오류, (4) 연역 논리에서 발견되는 오류 이렇게 네 가지로 크게 나누어서 살펴보고자 한다.

(1) 언어로 인한 오류

애매함의 오류

두 가지 의미로 읽히는 단어나 어구를 사용할 때 발생한다.

"도박은 피할 수 없기 때문에 차라리 합법화시켜야 한다. 도박은 삶의 일부다. 사람들은 자동차 운전대를 잡거나 혼인 서약을 할 때마다 도박을 하는 셈이다."

첫 문장에서 합법화시켜야 한다고 주장한 '도박'의 의미와 그 다음 문장에서 나온 '도박'의 의미가 전혀 다르다. 문맥에 따라 '도박'의 의미가 달라지기 때문에 전체적으로 모호하고 중의적인 글이 됐다.

애매성의 오류는 삼단논법(syllogistic logic)에서도 발생한다.

"모든 레몬은 노란색이다. 이 차는 레몬이다. 그러므로 이 차는 노란색이다."

레몬이라는 단어는, 과일의 레몬을 가리킬 때와 '품질이 나쁘고 결함이 있다는 뜻'을 강조하는 의미로 모두 사용할 수 있는데, 위 문장은 삼단논법을 진행하면서 그 두 가지를 한꺼번에 사용하는 실수를 저질렀다. 첫 번째 문장에서는 과일 레몬을 가리켰고, 두 번째 문장에서는 '결함이 있다'는 뜻으로 사용했기 때문에 전제와 결론이 논리적으로 이어지지 않는다.

차이가 없는 구별의 오류
자신의 입장이 다르다는 것을 강조할 때 저지를 수 있는 오류다. 언어를 세분해서 사용했지만 그 단어들의 의미가 본질적으로 같을 때 이런 오류가 일어난다.

> "나는 거짓말을 하지 않았어. 단지 진실의 범위를 조금 넓게 생각하고 있었을 뿐이야."

거짓말을 하지 않았다고 주장하지만, '진실의 범위를 조금 넓게 생각해서 말한 것'과 '거짓말' 사이에 어떤 차이점이 있을까?

(2) 잘못된 증거로 인한 오류

성급한 일반화의 오류
너무 작은 표본이나 전체를 대표하지 않는 표본을 바탕으로 결론을 이끌어냈을 때 발생한다.

> "피닉스에 세 번 가 봤는데 갈 때마다 비가 내렸어. 피닉스는 비가 많이 오는 곳이 분명해."

순환 논증의 오류
전제를 근거로 결론을 내렸는데, 그 결론이 다시 전제를 뒷받침할 때 발생한다.

> "위블 씨는 업무 능력이 떨어지기 때문에 항상 책상이 지저분해. 책상이
> 지저분하다는 것은 머릿속이 뒤죽박죽이라는 뜻이고, 그것은 위블 씨의
> 업무 능력이 떨어진다는 것을 보여주지."

위 논리는 '무능해서 책상이 어지럽고, 책상이 엉망이기 때문에 무능하다'는 순환 논증의 오류를 범하고 있다.

부정 입증의 오류

어떤 것이 거짓이라는 게 증명되지 않았기 때문에 진실이라고 생각하거나 진실이라고 증명되지 않았기 때문에 거짓이라고 생각할 때 발생한다. 아직까지 전설에 등장하는 사라진 대륙 아틀란티스를 발견한 사람은 없다. 하지만 이것을 근거로 아틀란티스가 처음부터 존재하지 않았다고 주장한다면 부정 입증의 오류를 범하고 있는 것이다.

> "지금까지 급여에 대해 불평한 인턴은 없었어. 모든 인턴들이 급여에 만
> 족하고 있기 때문이야."

인신공격의 오류

상대방의 의견이나 주장을 공격하는 대신 상대방을 인격적으로 공격하

거나 모욕할 때 발생한다.

> "어떻게 세일라가 우리 결혼생활에 대해 조언하게 놔둘 수 있어? 세일
> 라가 우편물 사기로 체포됐던 거 몰라?"

우물에 독을 넣는 오류

상대방의 의견이 국적이나 인종, 성별 또는 지리적 요건 등과 관계있을
때, 상대방의 개인적인 배경을 들먹이며 공격할 때 발생한다.

> "네 말을 어떻게 믿어? 너는 시드니 출신이잖아. 당연히 시드니를 멜버
> 른보다 더 좋은 곳이라고 생각할 게 뻔해."

피장파장의 오류

똑같은 잘못으로 비난받은 적이 있다는 이유만으로 상대방의 의견이나
입장을 인정하지 않을 때 발생한다.

> 아빠: "아들아, 술을 멀리해라. 술을 마시면 간이 나빠지고, 취해서 바보
> 짓을 하는 건 살아가는 데 아무런 도움도 되지 않는단다."
> 아들: "그런데 아빠, 지금 손에 들고 계신 거 진토닉 아니에요? 뭐, 똑
> 같이 술을 마시고 있다고 해서 아버지 말이 터무니없다는 건 아
> 니지만요."

주의전환의 오류

문제의 본질에서 화제를 돌려 부차적인 문제를 강조하려고 할 때 발생한다. 주로 논증의 약점을 숨기려고 할 때 이런 오류가 일어난다.

> (사장이 직원에게): "월급이 적다고 얘기하지 말게나. 내가 자네 나이였을 때는 일주일에 고작 100달러 밖에 못 받았어."

사장이 젊었을 때 월급을 적게 받았다는 사실은 월급을 높여달라는 직원의 요구와는 아무 관계가 없다.

관계없는 목표나 목적을 강조하는 오류

달성하려는 의도가 없었던 목표를 내세워 그것을 충족시키지 못했기 때문에 상대방의 행동이나 정책이 잘못됐다고 주장할 때 발생한다.

> 피터: "논리학으로 세상의 문제를 해결할 수 있을 거라고 생각해?"
> 티파니: "아니, 꼭 그런 건 아니겠지."
> 피터: "그럼 왜 논리학을 공부하면서 시간을 낭비하는 거야?"

희망사항의 오류

어떤 것이 진실이기를 바라기 때문에 그렇게 될 것이라고 믿을 때 발생한다.

> "부진했던 팀 성적은 잊어버리자고. 플레이오프 1차전에서는 우리가
> 승리할 거야. 그렇게 될 거라고 우리 스스로 믿고 있으니 승리는 우리
> 것이지."

전통의 오류

논리와 근거에 의존하는 대신 역사나 전통, 존경심을 내세울 때 발생
한다.

> "팀, 아나폴리스(미국 해군사관학교)에 간다는 게 사실이니? 너희 가족들
> 은 예전에도 그랬고 앞으로도 항상 육군이 될 거야. 할아버지, 아버지,
> 삼촌, 형 모두 육군이잖아. 친구, 네가 갈 곳은 웨스트포인트(미국 육군사
> 관학교)라고."

여론에 호소하는 오류

수많은 사람들이 수락했거나 지지했다는 이유로 어떤 아이디어나 입장
을 받아들일 때 발생한다.

> "세금 수정안에 찬성할 생각이야. 최근 여론조사를 봤더니 25세 이하

유권자의 3분의 2 이상이 그 제안에 찬성했더라고."

동정심에 호소하는 오류

근거를 말하는 대신 동정심을 이용해 설득할 때 발생한다.

(세일라가 존에게) "고아원에 기부해야 해. 삶의 기본적인 욕구를 박탈당한 다는 건 비극이야. 게다가 그 애들은 부모 얼굴도 모르잖아."

(3) 잘못된 전제로 인한 오류

잘못된 대안에 의한 오류

두 가지 대안 중 하나는 반드시 옳다고 믿을 때 발생한다. 대체로 이런 대안은 극단적이어서 중립적인 의견은 무시될 확률이 높다. 양자택일의 오류 혹은 흑백논리의 오류라고도 한다.

"자유무역을 지지하지 않는 걸 보니 너는 보호주의를 지지하는 게 틀림없어."

중도의 오류

양 극단 사이에 존재한다는 이유만으로 중도적인 의견을 최선이라고 믿을 때 발생한다. 온건의 오류라고도 한다.

> "중학교 선생님들은 학생들이 정해진 교과 과정을 따라야 한다고 주장
> 한다. 반면 중학생 자녀를 둔 학부모들은 학생 스스로 교과 과목을 선택
> 할 수 있어야 한다고 주장한다. 여기에 대한 최선의 해결책은 교사와 학
> 부모의 주장을 모두 고려해보는 것이다."

합성의 오류
각 부분들이 참이면 그 부분들의 합도 참이라고 생각할 때 발생한다.

> "브래드는 괜찮은 남자야. 자넷도 괜찮은 여자야. 그러니 두 사람이 결
> 혼하면 멋진 부부가 될 거야."

분할의 오류
전체가 참이라고 해서 개별적인 부분도 참이라고 가정할 때 발생한다.
뉴질랜드 럭비팀이 훌륭하다고 해서 그 팀에 소속된 모든 선수들이 훌륭하
다는 의미는 아니다.

> "자동차는 무겁다. 따라서 자동차 조립에 들어가는 모든 부품들 역시
> 무거울 것이다."

연속의 오류

큰 기준에서 봤을 때, 작은 차이점이나 꾸준히 쌓이는 차이점은 사소하기 때문에 무시해도 된다고 생각할 때 발생한다.

"어휘력을 높이고 싶다면 하루에 하나씩 새로운 단어를 외워봐. 중간 크기 정도의 사전을 골라서 맨 첫 장부터 시작하는 거야. 다음 날은 또 다른 단어를 외우고. 그렇게 하면 마침내 사전의 처음부터 끝까지 다 보게 될 거야. 더 멋진 점은 그렇게 해서 영어에 필요한 단어를 거의 다 알게 될 거라는 사실이지. 그런 자랑을 할 수 있는 사람이 세상에 얼마나 있겠어?"

일반화를 부당하게 공격하는 오류

예외가 하나 있기 때문에 일반화가 성립되지 않는다고 주장할 때 발생한다. '18세 이하 출입 불가'라는 안내문이 있다고 해서, 부부가 생후 7개월 된 아기를 데리고 극장에 들어갈 수 없다는 뜻은 아니다.

학생 1: "흡연이 평균 수명을 단축한다는 것은 잘 알려진 사실이야."
학생 2: "그렇기는 하지. 하지만 우리 증조할아버지는 하루에 담배를 한 갑이나 태우시는데, 아흔이 넘은 나이에도 아직 정정하셔. 그건 어떻게 설명할래?"

일반화에 포함되지 않는 예를 하나 찾았다고 해서 그 일반화가 잘못됐다고 말할 수는 없다. 일반화는 일반화일 뿐이다.

왜곡의 오류

상대방의 주장이나 관점을 비틀어서 공격할 때 발생한다.

> 찬성하는 쪽: "개발도상국에서 교육을 확대하는 유일한 방법은 교재를 마련하는 것입니다. 교과서 말이지요."
> 반대하는 쪽: "그럼 교과서를 만들기 위해 나무들을 무지막지하게 잘라내도 괜찮다는 말인가요?"

잘못된 유추의 오류

두 대상의 공통점이 한 가지 이상이기 때문에 (혹은 차이점이 한 가지 이상이기 때문에) 다른 점도 비슷할 거라고 (혹은 다를 거라고) 생각할 때 발생한다.

> "내 행운의 부적은 라팔라 미노우(가짜 미끼의 한 종류)야. 올 여름 운 좋게도 매일 배스를 잡았는데 그때 그 미끼를 사용했지. 이번 가을 송어를 잡을 때도 쓰려고 소중히 보관해뒀어."

인과관계의 오류

인과관계를 지나치게 단순화시켜서 생각할 때 발생한다.

> "부자들은 열심히 일한다더군. 나도 열심히 일해서 부자가 될 거야."

열심히 일하면 부자가 되는 데 여러모로 유용할 수 있다. 그렇다고 해서 열심히 일한 모든 사람이 부자가 되는 것은 아니다. 근면함은 부자가 되는 여러 조건 중 하나에 불과할 뿐 부자가 될 수 있는 충분조건은 아니다.

도미노의 오류

하나의 사건이 다른 사건을 일으킨 원인이었기 때문에 또 다른 사건들도 일어나게 할 수 있다고 믿을 때 발생한다. 연쇄반응 오류라고도 한다.

> "노숙자들을 위한 무료 급식을 반대하지는 않아. 하지만 계속 공짜로 밥을 나눠주다 보면 머지않아 공짜로 옷도 주고, 공짜로 집도 주고, 연봉도 주게 될 거야."

도박사의 오류

별개의 사건들을 두고서, 하나의 사건 결과에 따라 앞으로 일어날 사건이 바뀔 수도 있다고 믿을 때 발생한다.

(주치의와 대화를 나누는 부모): "이미 아들 셋을 낳았으니 이번에는 딸일 가능성이 아주 높아요."

이미 태어난 아기의 성별은 앞으로 태어날 아기의 성별에 아무런 영향을 미치지 않는다. 생물학적으로도 거의 관계가 없다. 넷째 아기가 딸일 확률은 여전히 반반이다.

잘못된 정확성의 오류

확인할 수 없는 수학적 자료를 근거로 들 때 발생한다.

"셰익스피어가 살아 있던 시절에는, 관객들 네 명 중 한 명꼴로 그의 연극을 싫어했어."

네 명 중 한 명이라니. 셰익스피어가 살던 시대에는 이런 수치를 계산할 방법도 없었을 것이다.

(4) 연역 논리에서 발견되는 오류

후건 긍정의 오류

'A라면 B이다'는 명제가 참일 때, 그 명제의 반대인 'B라면 A이다' 역시 참이라고 믿을 때 발생한다. 잘못된 전환의 오류라고도 한다.

> "휴가를 갈 때마다 마음이 편해져. 그런데 지금 내 마음이 편한 걸 보니 이게 진정한 휴가임에 틀림없어."

혼자 집에서 쉬고 있을 때나 저녁을 먹을 때, 친구들과 함께 있을 때 등 마음이 편해지는 경우는 아주 많다.

전건 부정의 오류

'A라면 B이다'는 명제를 내세워 'A가 아니면 B도 아니다'라고 가정할 때 발생하는 오류다.

> "비가 올 때마다 운동장이 젖는데, 지난밤에는 비가 오지 않았어. 그러니까 운동장은 말라 있을 거야."

운동장에 있는 스프링클러가 작동해서 물을 뿌렸을 수도 있다.

대표적인 열 가지 상충관계

완전히 정반대인 조건이나 상충관계를 통해서 추론을 살펴볼 수도 있다. 어렸을 때, 반대되는 성질이나 특징을 이용해서 사물들을 쉽게 외워본 적이 있는가. 우리는 어른이 되어서도 이렇게 반대되는 아이디어를 계속 만나게 된다. 다음에 나오는 격언들의 관계를 살펴보자.

- 망설이는 사람은 기회를 놓친다. ↔ 급할수록 돌아가라.
- 호랑이를 잡으려면 호랑이 굴에 들어가야 한다. ↔ 나중에 후회하는 것보다 미리 조심하는 게 낫다.
- 눈에서 멀어지면 마음에서도 멀어진다. ↔ 옆에 없으면 더 애틋해지는 법이다.
- 백지장도 맞들면 낫다. ↔ 사공이 많으면 배가 산으로 간다.

상충관계는, 추론과 의사결정 과정에서도 쉽게 접할 수 있다. 상충관계를 이해하면 핵심문제를 빠르게 파악할 수 있다.

대표적인 열 가지 상충관계는 다음과 같다.

- 폭과 깊이
- 통제와 우연
- 개인과 집단
- 수단과 목적
- 양과 질
- 단기간과 장기간
- 특수와 일반
- 주관과 객관
- 이론과 실제
- 전통과 변화

폭과 깊이의 상충관계

학교나 회사에서 혹은 일상적인 상황에서 사람들은 누구나 폭과 깊이의 상충관계를 경험하게 된다. 한 가지에 집중하고 있는가 아니면 다양한 경험을 하고 있는가? 예를 들어 학교에 입학했다면 철저히 공부에만 집중할 것인지 아니면 다양한 교내 활동에 참여할 것인지 결정해야 한다. 회사라면 어떨까? 한 종류의 제품만 대량으로 만들 것인지 다양한 종류의 제품을 조금씩 만들 것인지 결정해야 할 수도 있다. 개인 투자가라면 모든 돈을 한 곳에 투자할 것인지(깊이), 두 군데 이상의 다른 곳에 나누어 투자할 것인지(폭)를 결정해야 한다.

통제와 우연의 상충

상황을 통제할수록 우연의 가능성은 줄어든다. 상황을 우연에 맡길수록 통제받을 가능성은 줄어든다. '본성 대 양육'에 대한 논쟁은 통제와 우연의 상충관계를 보여주는 가장 좋은 예이다. 사람의 성격은 타고나는 것일까 길러지는 것일까? 과연 유전의 힘이 더 강할까 양육의 힘이 더 강할까? 성격에 영향을 미치는 요소 중 본성은 우연적인 요소로 볼 수 있고, 양육은 통제적 요소로 볼 수 있다.

개인과 집단의 상충

개인과 집단 중 더 중요한 것은 무엇인가? 개인의 권리나 자유를 지키기 위해 집단을 희생시켜야 하는가, 아니면 집단의 권리나 자유를 지키기 위해 개인을 희생시켜야 하는가? 개인과 집단의 상충관계는 실제로 모든 선진국의 헌법에서 중요한 축으로 작용한다.

수단과 목적의 상충

방법이나 접근 방식은 수단이다. 이때 성과나 결과는 목적이라고 볼 수 있다. 같은 목적을 공유하고 있지만, 수단에 대해서는 의견이 다를 수 있다. 예를 들어 두 사람이 함께 어떤 장소(목적)에 가려고 한다고 해보자. 같은 장소에 가고 싶어 하지만 어떤 길(수단)로 가야 할지를 놓고 말씨름을 할 수도 있다.

그 반대의 경우도 발생할 수 있다. 다른 목적을 지녔지만 같은 수단을 선택할 수도 있다. 보너스로 생긴 돈을 휴가에 쓰기로 결정했지만 어디로 갈지 고민하고 있다고 해보자. 보너스(수단)를 휴가에 쓰기로 공유했지만, 서로 다른 여행지(목적)를 선택할 수도 있다.

양과 질의 상충

양과 질의 상충관계는 일상생활 속에서 흔히 볼 수 있다. 우리는 대부분 양이 많으면서 품질도 좋기를 바란다. 가격과 양의 관계를 살펴보자. 일반적으로 이 두 가지는 상충관계에 있기 때문에 제품의 가격이 낮아지면 품질은 떨어지고 구입할 수 있는 양은 많아진다. 반대로 가격이 높아지면 품질은 좋아지지만 구입할 수 있는 양은 적어진다.

단기간과 장기간의 상충

두 개의 관점 사이에서 '시간'만이 유일한 차이점일 수도 있다. 예를 들어 우주 탐험의 잠재적인 가능성을 믿는 두 사람이 있다고 해보자. 하지만 단기적인 관점에서 봤을 때 그것을 우선적으로 추구할지에 대해서는 다른 의견을 보일 수도 있다.

특수와 일반의 상충

나무를 보는 것을 '특수'라고 한다면 숲을 보는 것은 '일반'이다. 신생기업이라면 특정 제품이나 서비스를 통해서 틈새시장을 공략하기 마련이지만 사업의 규모가 커지면 더 많은 제품과 서비스를 다루는 다방면의 전문가가 되어야 한다. 어떤 사람들은 세부 내용은 잘 보지만 전체적인 그림은 보지 못한다. 반면에 큰 그림은 잘 보지만 세부 내용을 파악하는 것에는 서툰 사람들이 있다. 영화 주인공 제임스 본드는 세부 내용(나무를 본다)을 잘 파악하면서도 다방면의 지식(숲을 본다)을 가진 보기 드문 유형이다.

'폭과 깊이의 상충관계'와 '특수와 일반의 상충관계'는 어떻게 다를까? 특수와 일반의 상충관계는 범위에 관한 것이다. 특수는 범위가 좁다는 뜻이고, 일반은 넓다는 뜻이다. 폭과 깊이는 다양성에 관한 것이다. 폭은 다양하다는 의미이고, 깊이는 다양성은 적은 대신 일관성이 높다는 의미이다.

사진으로 예를 들어보자. 여름 정원을 찍는다고 했을 때, 전체를 중요하게 생각한다면 뒤로 물러나 정원 전체의 사진을 찍을 것이다(일반). 그 사진을 다양한 각도에서 많이 찍을수록 사진 컬렉션의 폭은 넓어질 것이고, 비슷한 각도로 많이 찍는다면 컬렉션의 깊이가 더해질 것이다.

꽃 자체를 중요하게 생각한다면 근접 촬영을 선택할 것이다(특수). 그런 방식으로 다양한 종류의 꽃을 여러 각도에서 촬영했다면 사진 컬렉션의 폭이 넓어질 것이고, 몇몇 꽃만 골라서 특정한 각도에서 촬영했다면 컬렉션의 깊이가 더해질 것이다.

주관과 객관의 상충

주관적이라는 것은 개인적인 경험이나 느낌, 의견을 근거로 한다는 뜻이다. 객관적이라는 것은 공정성과 사실을 근거로 한다는 뜻이다. 주관과 객관이 상충하는 예는 매우 다양하다. 예술과 과학, 감정과 논리, 열정과 이성도 주관과 객관의 상충관계에 해당한다. 표면적으로는 주관성과 객관성을 동시에 가지는 것은 불가능하다.

이론과 실제의 상충

이론과 실제의 상충관계를 이해하고 싶다면 학교 수업과 현장 실습의 차이점을 떠올려보면 쉽다. 학교 수업이 이론이라면 현장 실습은 실제다.

전통과 변화의 상충

과거는 전통을 좋아하고 미래는 변화를 환영한다. 일상생활에서라면 가족의 가치나 직장 윤리 같은 전통을 더 중요하게 생각할지 모른다. 그러나 그 밖의 상황이라면 변화를 주장하고 다른 종류의 가치를 선택할 수도 있다. 거의 언제나 문화와 전통은 변화, 현대화와 부딪혔다.

미국에서는 많은 사람들이 권총과 자동화 무기를 가질 수 있다는 데 찬성한다. 미국 헌법(전통)에 무기를 휴대할 수 있는 권리가 명시되어 있기 때문이다. 하지만 이런 상황에 반대하는 사람들은 미국 헌법을 수정해야 한다고(변화) 주장한다.

문제 44. 상충관계 유형 찾기

다음에 이어지는 각각의 지문을 읽어보고 그 안에 숨어 있는 상충관계 유형
을 보기(A~J)에서 찾아 적어보자. 답은 <u>315~319</u>쪽에 나와 있다.

[보기]

A. 폭과 깊이의 상충관계

B. 통제와 우연의 상충관계

C. 개인과 집단의 상충관계

D. 수단과 목적의 상충관계

E. 양과 질의 상충관계

F. 단기간과 장기간의 상충관계

G. 특수와 일반의 상충관계

H. 주관과 객관의 상충관계

I. 이론과 실제의 상충관계

J. 전통과 변화의 상충관계

1. 화석 연료

브렌다: 결국 석유, 석탄, 가스와 같은 화석 연료는 고갈될 거야. 가장 실용적인 대안은 태양 에너지야. 태양 에너지를 서둘러 개발해야 해.

밥: 아직 태양 에너지 시스템은 아직 완전하지 못해. 석유와 석탄, 특히 가스 에너지가 현재의 수요를 충족시키고 있다면 그렇게까지 할 필요는 없어.

2. 미라클 알약

미라클 알약 한 알에는 일반 아스피린에 들어 있는 진통제의 성분이 두 배나 들어 있다. 즉 미라클 알약 한 알이 아스피린 두 알과 똑같은 효과를 내는 셈이다. 그런데 미라클과 아스피린의 가격은 같다. 따라서 소비자는 미라클 알약을 선택할 것이다.

3. 불법복제

불법으로 음악 CD를 복제하거나 음원을 다운받는 것을 지금보다 더 엄격하게 금지해야 한다. 불법복제금지법을 효과적으로 시행하면 불법복제와 다운로드로 매년 수백만 달러를 손해보고 있는 음반회사들은 더 큰 수익을 얻게 될 것이다. 음반회사의 수익 증가는 이미 작업해놓았던 다양한 음악을 공개하는 자극제가 될 것이다. 음악 팬들은 값싼 복제 CD와 불법 다운로드로 돈을 아끼는 것보다 다양한 음악을 접할 수 있는 기회를 얻는 것을 환영할 것이다.

4. 컴퓨터 전문가

제이슨 박사의 연구는, 컴퓨터 프로그래밍이나 회계처럼 전문적인 기술을 배운 사람이 사회적으로 더 높은 지위에 오를 것이라는 통념에 의문을 제기한다. 실제로 그러한 사람들 중 높은 지위를 차지한 사람은 극소수다. 미국 경제전문지 포춘은 500대 기업의 사장과 CEO를 조사한 결과 그들은 폭넓은 인문학 교육을 받았고 그러한 교육이 현재의 위치에 오르게 했다고 밝혔다. 즉 인문학 교육은 분석적 사고를 키워준다.

5. 노동자

오늘날 노조의 문제는, 대학 교육을 받은 변호사, 경제학자, 노사 관계 전문가들이 노조의 지도부를 맡고 있다는 점이다. 이들은 노동자들의 관심이 실제로 어디에 있는지 알지 못한다. 따라서 아래에서부터 올라온 노동자 대표들 가운데 노조 지도부를 선출해야 한다.

6. 매출

경영진은 최근에 열렸던 업무 회의에서 매출 인상이야말로 회사를 발전시키는 최고의 전략이라고 입을 모았다. 그러나 이 목적을 달성하는 방법을 두고서는 논쟁을 벌였다. 몇몇 핵심 직원들은 매출을 늘리기 위해 판매원을 더 고용해야 한다고 지적했고, 다른 직원들은 소비자의 욕구를 제대로 이해하기 위해 시장을 더 연구해야 한다고 주장했다.

7. 안전한 곳

도심에 사는 부유한 사람들 중 대부분은 아이들을 위협하는 폭력사건을 피해 안전한 교외로 이사하기를 희망한다. 그러나 통계는 다른 사실을 말해준다. 실제로는 도심에 사는 10대의 사망률과 교외에 사는 10대의 사망률이 비슷하기 때문이다. 교외에 사는 10대들은 폭력사건으로부터는 멀어졌지만, 자동차 사고로 인한 사망률과 자살률은 더 높은 것으로 나타났다.

8. 표현의 자유

표현의 자유를 보장한다는 정부의 말은 거짓이다. 사람들로 북적이는 극장에서 '불이야!'라고 외치거나, 공항에 폭탄이 설치되어 있다고 농담을 하거나, 공공장소에서 음담패설을 늘어놓으면 실제로 체포의 위협을 받게 된다. 표현의 자유를 보장한다는 정부의 약속은 분명한 모순이다.

9. 역사학자

오늘날의 역사학자들은, 자연과학자들의 성과를 따라잡기 위해 편집된 실험 보고서들을 대량으로 만들어내고 있다. 컴퓨터 데이터와 통계 차트로 가득 차 있는 보고서는 확실히 인상적이다. 그러나 최고의 작품은 상상력과 이해력을 바탕으로 가설을 세우고, 과거를 분석해서 그것에 적절한 증거를 찾아냈을 때 탄생한다. 이 과정에는 열정이 필요하다. 연구원들이 자신의 연구 과제와 일정한 거리를 두고 객관성을 획득하는 게 요즘의 방식이지만, 그것이 꼭 최선의 결과를 낳는 것은 아니다.

10. 발견

1970년대 초반, 아메리카 인디언 오지브웨이족의 추장 애덤 노드웰은 캘리포니아에서 비행기를 타고 이탈리아로 향했다. 마침내 비행기가 착륙하자 부족의 전통 의상을 완벽하게 차려입은 그가 비행기 계단을 내려오다 멈춰서서 이렇게 말했다. "오늘을 이탈리아를 발견한 날로 공표한다." 농담처럼 던진 추장의 말은 여러모로 의미심장하다.

미 대륙에는 수백 년 전부터 인디언들이 살고 있었다. 그런데도 콜럼버스가 미 대륙을 처음 발견했다고 어떻게 주장할 수 있는가? 그가 그 땅의 주인이라고 어떻게 주장할 수 있는가?

연습문제 해답

추론 문제에는 확실하게 답을 할 수 있는 문제와 그럴 수 없는 문제가 뒤섞여 있다. 한 가지를 확실하게 답으로 꼽을 수 없는 경우라면 해답 대신 해법을 제시했으니 참고하길 바란다.

PART 2. 창조적으로 생각한다는 것

문제 1. 선 긋기

틀에 박힌 사고방식에 사로잡혀 있다면 '답이 없다'고 생각하기 쉽다. 알파벳 S를 넣으면 다음과 같은 식이 성립한다.

$$SIX = 6$$

다음과 같이 등호를 바꾸어도 식이 성립한다.

$$IX \neq 6$$

지시문에 문자의 순서나 위치를 바꿀 수 있다는 조건은 없지만, 다음과 같이 6을 9로 바꾸는 방법도 있다.

$$IX = 9$$

문제 2. 대걸레

샐리가 <u>더러운</u> 대걸레로 바닥을 닦아서 바닥이 더러워졌다.

문제 3. 패턴 찾기

이 문제는 여러 가지 방식으로 해결할 수 있다. 첫 번째, 선 위에 알파벳 모음을 놓고 선 아래에 알파벳 자음을 놓는 식으로 패턴을 만들 수 있다.

$$\frac{A \quad E \quad I}{BCD \quad FGH}$$

두 번째, 선 위에는 직선으로만 이루어진 알파벳을 놓고 선 아래에는 곡선이 포함된 알파벳을 두는 식으로 패턴을 만들 수도 있다.

$$\frac{A \quad EF \quad HI}{BCD \quad G}$$

문제 4. 점 잇기

첫 번째 해결법처럼 아홉 개의 점 밖을 벗어나는 방식으로 그릴 수 있다. 이런 방법을 쉽게 생각해내지 못하는 이유는, 대부분의 사람들이 아홉 개의 점이 만든 공간 안에서 선을 이어야 한다고 생각하기 때문이다.

두 번째 해결법처럼 연결할 수도 있다. 반드시 선이 아홉 개의 점 가운데를 모두 통과해야 하는 것은 아니다.

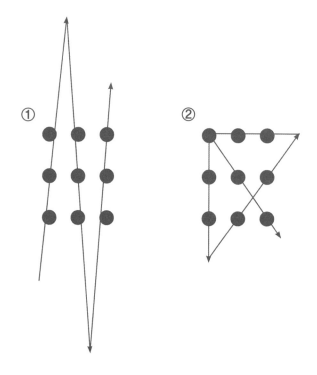

문제 5. 두 개의 물통

① 5리터 물통에 물을 채운다.

② 그 물을 3리터 물통에 붓는다.

③ 그런 다음 3리터 물통의 물을 버린다.

④ 이제 5리터 물통에는 2리터의 물만 남아 있게 된다. 그 물을 다시 3리터 물통에 붓는다.

⑤ 그리고 5리터 물통에 다시 물을 채운다.

⑥ 이렇게 하면 5리터 물통에는 물 5리터가 들어 있게 되고, 3리터 물통에는 물 2리터가 들어 있게 된다. 즉 총 물의 양은 7리터가 된다.

다른 방식도 있다.

두 개의 물통을 모두 다 비운다. 일단 3리터 물통에 물을 채운 다음 5리터 물통에 붓는다. 다시 한 번 더 3리터 물통을 채운 뒤 5리터 물통이 가득 찰 때까지 붓는다. 5리터의 물통이 가득 채워졌다면 자연스럽게 3리터 물통에는 1리터의 물만 남게 된다. 이때 5리터 물통에 들어 있던 물을 모두 버린다. 그리고 3리터 물통에 들어 있던 물 1리터를 5리터 물통에 붓는다. 그리고 다시 3리터의 물통을 채운 다음 5리터의 물통에 부으면 총 4리터의 물이 5리터 물통에 들어 있게 된다. 다시 한 번 3리터의 물통에 물을 가득 채운다. 이제 두 물통의 물을 합치면 7리터가 된다.

문제 6. 사내 교육

	찬성	반대
양적인 면에서 지지하는 이유	사내 교육 프로그램을 진행해야 한다. • 수익 증가: 직원들의 업무 숙련도를 높여서 생산성을 높인다. • 비용 감소: 외부에서 따로 전문가를 고용하지 않아도 된다. • 수익 증가: 즉각적으로 이득을 얻고 싶은 분야에 맞춰서 교육 과정을 진행할 수 있다.	사내 교육 프로그램을 진행하지 말아야 한다. • 비용 감소: 따로 교육비가 들어가지 않는다. • 수익 증가: 현재 직원들을 제대로 활용하거나 외부 전문가를 통해서도 회사의 수익성을 높일 수 있다. • 위험 차단: 교육 프로그램을 진행한다고 해도 높은 이직률 때문에 제대로 된 투자 효과를 볼 수 없다.
질적인 면에서 지지하는 이유	• 직원들의 사기를 높인다. • 직원들의 애사심을 높일 수 있다. • 회사에 대한 이미지를 개선시킬 수 있다. 사내 훈련 프로그램을 실시하면 앞서가는 조직이라는 이미지를 심어줄 수 있다.	• 시간을 아낄 수 있다. • 직원들은 훈련 프로그램 대신에 현금 보너스를 좋아할 것이다. • 교육 프로그램을 유지하기 위해 앞으로도 많은 비용과 노력을 쏟아부어야 할 것이다. 프로그램의 문제점을 분석하고 해결책을 제시하고 확대해나가는 노력이 계속 필요하다.

문제 7. 미혼자 비율

답은 66.6%이다. 즉 여학생 30명 중 20명, 즉 2/3가 미혼이다. 이 문제를 쉽게 풀기 위해서는 계산을 단순화시켜야 한다. 즉 전체 학생들의 수를 100명이라고 가정한다. 비율을 묻는 문제이므로 이렇게 임의적으로 가정해도 괜찮다. 그런 다음 주어진 정보를 살핀다. 학생의 70%가 남자라고 했으니, 전체 학생 수를 100명이라고 가정했을 때 남학생은 70명이라는 것을 알 수 있다. 그럼 당연히 나머지 30명은 여학생이다. 이런 식으로 주어진 정보를 이용해서 매트릭스의 빈 칸을 채운다.

첫째, 문제에 나와 있는 정보를 빈 칸에 넣는다.

	남성	여성	
기혼자	$(100명 \times \frac{20}{100} =)\ 20$		$(100명 \times \frac{30}{100} =)\ 30$
미혼자		?	
	$(100명 \times \frac{70}{100} =)\ 70$		100(명)

둘째, 가로축과 세로축의 계산을 통해서 나머지 빈 칸을 채운다.

	남성	여성	
기혼자	20	(30-20=)10	30
미혼자	(70-20=)50	(30-10=)20	(100-30=)70
	70	(100-70=)30	100(명)

문제 8. 배터리 공장

답은 4%이다. 공장에서 판매한 불량 배터리의 비율을 계산하기 위해서 다음처럼 매트릭스를 이용할 수 있다. 합계를 적는 칸에 '100'이라고 써 넣고 계산을 통해서 빈 칸을 채워보자. 그 과정을 통하면 3/75 또는 4%라는 답이 나온다.

첫째, 문제에서 주어진 정보를 매트릭스에 넣어본다.

	불량품	불량이 아닌 제품	
불합격		$(80개 \times \frac{10}{100}=)8$	$(100개 \times \frac{25}{100}=)25$
합격	?		
	$(100개 \times \frac{20}{100}=)20$	(100-20=)80	100(개)

둘째, 가로축과 세로축의 계산을 통해서 나머지 빈 칸을 채운다.

	불량품	불량이 아닌 제품	
불합격	(25-8=)17	8	25
합격	(20-17=)3	(80-8=)72	(100-25=)75
	20	80	100(개)

문제 9. 용의자 심문

답은 7%이다. 심문을 받은 전체 용의자 중 7명이 실제로 범죄를 저질렀고 그 사실을 자백했다. 이것을 백분율로 계산하면 7%이다.

1단계: 이미 주어진 정보를 빈 칸에 넣는다.

	범죄를 저지른 용의자	범죄를 저지르지 않은 용의자	
진실을 말하는 용의자	?		
진실을 말하지 않는 용의자		$(100명 \times \frac{2}{100}=)2$	$(100명 \times \frac{20}{100}=)20$
		$(100명 \times \frac{75}{100}=)75$	100(명)

2단계: 가로축과 세로축의 계산을 통해서 나머지 빈 칸을 채운다.

	범죄를 저지른 용의자	범죄를 저지르지 않은 용의자	
진실을 말하는 용의자	(25-18=)7	(75-2=)73	(100-20=)80
진실을 말하지 않는 용의자	(20-2=)18	2	20
	(100-75=)25	75	100(명)

문제 10. 세트 메뉴

답은 스물 네 가지다. 뒤에 나오는 해설 그림은 의사결정-사건 트리와 확률 트리를 혼합한 것이다. 모든 코스를 선택할 수 있는 확률이 동일하다면 각 코스를 선택할 수 있는 확률은 1/24이다. 예를 들어 수프, 파스타, 파이, 커피를 선택할 확률은 (1/2 x 1/3 x 1/2 x 1/2 =)1/24이고, 샐러드, 생선 요리, 케이크, 차를 선택할 확률 역시 (1/2 x 1/3 x 1/2 x 1/2 =)1/24이다.

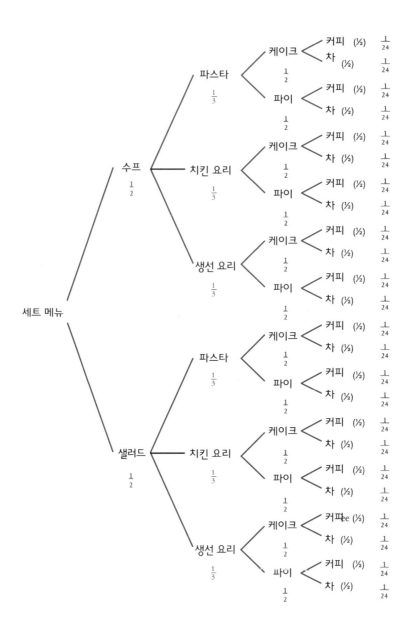

문제 11. 투자자

답은 55,000달러이다.

첫 번째 투자

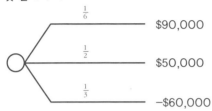

$$\frac{1}{6} \quad \$90,000$$
$$\frac{1}{2} \quad \$50,000$$
$$\frac{1}{3} \quad -\$60,000$$

두 번째 투자

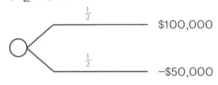

$$\frac{1}{2} \quad \$100,000$$
$$\frac{1}{2} \quad -\$50,000$$

세 번째 투자

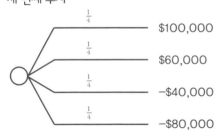

$$\frac{1}{4} \quad \$100,000$$
$$\frac{1}{4} \quad \$60,000$$
$$\frac{1}{4} \quad -\$40,000$$
$$\frac{1}{4} \quad -\$80,000$$

첫 번째 투자:

예상 수익 = $90,000(1/6)+$50,000(1/2)-$60,000(1/3)=$20,000

두 번째 투자:

예상 수익 = $100,000(1/2)-$50,000(1/2)=$25,000

세 번째 투자:

예상 수익 = $100,000(1/4)+$60,000(1/4)-$40,000(1/4)

$$-\$80,000(1/4)=\$10,000$$

따라서 세 가지 투자 기회로 얻을 수 있는 총 예상 수익은 55,000달러이다.

$20,000 + $25,000 + $10,000 = $55,000

참고: 예상 수익은 세 가지 투자의 가중평균을 감안해서 합계를 구한 것이다.

PART 4. 논증이란 무엇인가?

문제 12. 리틀 이탈리아

1. 추론할 수 없다. 하지만 이 레스토랑이 시에 있는 최고의 레스토랑 중 하나라고 추론할 수는 있다. '뒤지지 않는다'는 말이 '최고'라는 뜻은

아니다. 모든 제품이나 경쟁업체는 공동 1위가 될 수 있고, 그럴 경우 모두 '뒤지지 않는다'는 표현을 사용할 수 있다.

2. 추론할 수 없다. 안토니오가 이탈리아 음식을 만드는 걸 좋아한다고 논리적으로 추론할 수는 없다. 사실은 요리하는 게 귀찮고 지겨울 수도 있다.

3. 추론할 수 없다. '리틀 이탈리아'를 추천한 푸드 컨설턴트들이 그곳만 추천한 게 아닐 수도 있다. '리틀 이탈리아'를 추천했지만 동시에 시에 있는 다른 레스토랑도 추천할 수 있다. 주어진 정보만으로는 컨설턴트들이 어떤 곳을 가장 많이 추천했는지 알 수 없다.

4. 추론할 수 없다. "'리틀 이탈리아' 고객들이 2대 1의 비율로 안토니오의 요리 스타일을 선호한다는 문장"에는 논리적인 비교 대상이 빠져 있다. 즉 '리틀 이탈리아' 요리를 형편없는 패스트푸드나 인스턴트 요리와 비교해서 말한 것일 수도 있다.

만약 "'리틀 이탈리아'를 찾는 고객들은 다른 이탈리안 레스토랑의 요리 스타일에 비해 안토니오의 요리 스타일을 2대 1의 비율로 선호한다"는 문장이 주어졌다면, 4번 추론은 정당한 것이 된다.

5. 추론할 수 없다. 당연히 알 수 없다.

6. 추론할 수 없다. 안토니오가 이탈리아 요리 전문가이고 고급 요리를 만들 수 있다고 하더라도 실제로 메뉴에 나와 있는 음식들이 고급 요리들인지, 고급 식재료를 사용하는지는 알 수 없다.

7. 추론할 수 없다. 알 수 있는 것은 '리틀 이탈리아'가 매우 인기 있는 레스토랑이라는 사실뿐이다. 레스토랑이 효율적으로 운영되고 있는지 수익분기점에 도달했는지 등 수익성에 관한 부분은 전혀 알 수 없다.

8. 추론할 수 없다. 다른 도시에서는 어떤 상황이 펼쳐질지 전혀 알 수 없다. 심지어 데본 시 내의 다른 장소로 가게를 이전한다고 해도 상황을 정확하게 예측할 수는 없다.

9. 추론할 수 없다. 음식의 가격이 아주 비쌀 수도 있지만, 반대로 적당하거나 오히려 저렴할 수도 있다.

10. 추론할 수 없다. 안토니오가 이탈리아 요리 전문가가 되기 위해 오랫동안 훈련을 했다고 생각할 수 있지만 상대적으로 짧은 기간에 전문가로서의 명성을 얻게 된 경우일 수도 있다.

문제 13. 범죄

E가 답이다. '범죄'라는 용어가 '범죄 신고 건수'로 바뀌면서 범위가 달라졌다. 범죄 신고 건수를 통해서 실제로 일어난 범죄 건수를 알 수는 없다. 보기 E에서 설명한 것처럼 '범죄 신고 건수는 줄어들었지만, 실제로 일어난 범죄 건수는 줄어들지 않았거나 더 많아졌을 가능성'이 있다. 비교나 대조를 하려면 같은 의미의 용어를 사용했는지 확인해봐야 한다.

보기 A: 오답이다. 이 보기는 오히려 제시된 논증을 뒷받침한다. **보기 B:** 오답이다. 경찰이 방범에 관한 법안을 지지하는지 여부는 중요하지 않다.

보기 C: 오답이다. 범죄자의 재범 여부는 중요하지 않다. 초범이든 재범이든 모두 범죄를 저질렀다. **보기 D:** 이 문장은 제시된 논증을 오히려 강화시킨다. 화이트칼라 범죄까지 범위 안에 포함시키면 범죄의 발생률이나 범죄 신고 건수는 늘어나게 된다. 그런데 이렇게 범죄의 범위를 넓혔음에도 최근의 범죄 신고 건수가 줄어들었다면 그것은 실제로 범죄 발생률이 낮아졌다는 뜻이다.

문제 14. 과잉행동

D가 답이다. 과거에 비해 과잉행동을 검사하고 확인할 수 있는 테스트가 많아졌기 때문에 과잉행동이라고 판정받는 아이들도 늘어나게 됐다는 논리다. 이 논리에 의하면, 지문에 제시된 것처럼 실제로 과잉행동 아동이 늘어났다고 단정할 수는 없다. 과거와 현재를 비교하려면 대상의 정의나 범주가 시간에 관계없이 일정해야 한다.

보기 A, B: 사실상 논증의 범위를 벗어난다. 지문에는 과잉행동에 대한 의견만 나와 있을 뿐이다. 창의성이나 자발성, 다른 잠재적인 문제는 다루고 있지 않다. **보기 C:** 동화책 속 그림의 영향력은 쉽게 단정할 수 없다.

문제 15. 영화광

B가 답이다. 대표성 전제에 관한 문제이다. 기존 논증은 일요일 오후에 영화를 보러 온 사람들이 전국의 영화 관객을 대표한다고 가정하고 있다.

문제는 '일요일 오후에 영화를 보러 온 사람들이 과연 영화 관객 전체를 대표할 수 있는가'이다. 일요일 오후에 영화를 보러 왔다면 어린이를 동반한 가족일 확률이 높다. 그렇기 때문에 공포 영화나 폭력적인 영화는 처음부터 선택지에서 제외시켰을 것이다. 표본이 대표성을 가지려면 적어도 토요일 밤, 토요일 오후, 주중에 영화관을 찾는 사람들을 선별했어야 했다.

보기 A: 좋아하는 배우가 출연한다면 장르에 관계없이 영화를 보는 팬들이 있다는 의견은, 화자의 논증을 다소 약화시킬 뿐이다. **보기 C:** 예전에 흥행한 영화가 아닌 현재 영화 관객의 취향에 초점을 맞춰야 한다. **보기 D:** 연쇄살인자에 관한 책이 잘 팔리고, 범죄학과에 진학하는 대학생들이 늘고 있다는 사실이 영화 관객들의 취향과 반드시 연결된다고 볼 수는 없다. **보기 E:** 이런 영화들의 제작비용이 높다는 의견은, 연쇄살인자를 다룬 영화들의 제작을 중단해야 한다는 화자의 논증을 오히려 뒷받침한다.

문제 16. 강세 시장

A가 답이다. 기존 논증은 인도 국립증권거래소(NSE) 지수로 인도 경제의 상황을 판단할 수 있다고 가정하고 있다. 그 가정을 가장 확실히 뒷받침해 주는 것은 A뿐이다.

보기 B: 인도의 또 다른 주요 주식지수인 뭄바이증권거래소(BSE) 지수가 올라갔다는 사실 역시 기존 논증을 뒷받침해준다. 하지만 A만큼 확실하진 않다. A는 논증의 핵심 전제를 직접적으로 뒷받침한다. **보기 C:** 지난해 이맘

때쯤 인도 국립증권거래소(NSE) 지수가 내려갔다는 사실은 기존 논증과는 관계가 없다. **보기 D:** 이 의견이 기존 논증에 영향을 미치기는 하지만, 확실한 연계성은 찾을 수 없다. **보기 E:** 인도 국립증권거래소(NSE) 지수의 변동 폭이 크다는 의견은 오히려 기존 논증을 약화시킨다.

문제 17. 퍼팅 기술

C가 답이다. 기존 논증은 퍼팅 실력이 골프 실력을 결정하는 중요한 요인이라고 가정하고 있다.

보기 A: 기존 논증이 주장하는 것은, 퍼팅 실력을 올려야만 골프 실력이 올라가고, 그것을 위해서는 스위트 스폿 퍼터라는 제품을 구입해야 한다는 것이다. **보기 B:** 기존 논증에서 프로선수와 아마추어 선수를 비교한 적은 없다. **보기 D:** 스위트 스폿 퍼터가 다른 퍼터보다 우수한지는 알 수 없다. **보기 E:** 좋은 장비를 사용하는 것이 퍼팅 실력을 높이는 한 가지 방법이라고 추측할 수 있지만 기존 논증에서 직접 좋은 장비의 효과와 훈련의 효과를 비교한 적은 없다.

참고: 대표성 전제 오류는 특정한 조건을 내세워서 일반적인 논리를 펼칠 때 발생한다. '영화광' 문제에서처럼 특정한 표본을 가지고 대표를 전제하려 하거나 '강세 시장' 문제에서처럼 국립증권거래소 지수라는 특정한 요인을 내세워 인도 경제상황을 분석하고 있거나 바로 앞의 문제에서처럼

퍼팅 능력을 골프 실력과 바로 연결시킬 때 대표성 전제 오류가 발생한다.

문제 18. 저자의 선택

C가 답이다. 저자가 증거로 선택한 200편의 현대소설과 비현대소설이 전체 소설계를 대표할 수 있는 적절한 표본이었는지 의심해볼 만하다.『소설가의 몰락』의 저자는 자신의 주장을 가장 잘 뒷받침하는 소설을 선택했을 수도 있다.

보기 A: 논증을 다소 약화시키지만 심각하게 약화시키지는 않는다. **보기 B:** 매우 타당한 주장이지만 이 논증과는 관계가 없다. 저자는 오직 소설가의 기교에만 초점을 맞추고 있기 때문이다. **보기 D:** 논증의 범위를 벗어났다. 제시된 지문을 통해서는, 각본 쓰기에 필요한 기법에 대해서는 알 수 없다. **보기 E:** 저자의 주장과 관계가 없다. 일반 독자가 문학적 비평 용어에 익숙한지는 중요하지 않다.

문제 19. 기질

E가 답이다. 두 사람 다 자신의 주장을 뒷받침해주는 사례만 선별했다. 스티브는 자신의 주장을 강화하기 위해 빨간 머리카락을 지닌 사람 중에서 성격이 좋지 못한 사람들을 선택했다. 존도 마찬가지다. 반대 의견을 주장하기 위해서 빨간 머리카락을 지녔지만 성격이 좋은 사람들을 예로 들었다.

보기 A와 B: 두 사람의 논증에 영향을 미치지 못한다. **보기 C:** 두 사람이 잘못된 판단을 했다고 해서 그것이 그들의 논증에 어떤 영향을 미칠지는 알 수 없다. 아마도 어느 한 쪽의 의견을 더 강화시키거나 더 약화시키거나 혹은 중립적인 의견을 새롭게 보여주는 계기가 될 수 있겠지만, 이 중 어떤 상황이 될지는 알 수 없다. **보기 D:** 빨간 머리와 나쁜 성격과의 상관관계를 알아보는 것은 실험 설계와 관련된 항목이다. 3부의 가설 검증(122쪽)을 참고한다.

문제 20. 이직률

B가 답이다. 회사에 대해 아주 부정적인 감정을 품었던 직원들이 설문에 답하지 않고 침묵했다면, 이들의 관점은 결과에 포함되지 않은 셈이다.

보기 A: 가능한 얘기지만, 직원들의 실제 감정을 명확하게 구분하기란 어렵다(직원들은 회사에 대한 애틋함과 실망감을 동시에 느낄 수도 있다). **보기 C:** 홍보회사의 노력이 회사를 떠난 직원들에게 영향을 미쳤다고 가정할 수 없다. 게다가 이미지 개선 프로그램을 설계하는 것과 실행하는 것은 완전히 다른 문제다. **보기 D:** 질문의 위치는 결과에 큰 영향을 끼치지 않는다. **보기 E:** 인사부 매니저의 주장을 오히려 뒷받침해준다. 평균적인 설문 응답률(10%)보다 이 회사의 설문 응답률(25%)이 더 높기 때문이다. 응답률이 높을수록 설문 결과에 대한 신뢰도는 높아진다.

문제 21. 사이클 선수

C가 답이다. 화자는 지금 상관관계를 인과관계로 잘못 생각하고 있다. 낮은 체지방률은 세계적인 사이클 선수가 되기 위한 필요조건이지만 충분조건은 아니다. 충분조건과 필요조건을 비교한 내용과 '만약 ~라면 ~이다' 유형의 문제를 더 알고 싶다면 5부(195쪽)를 다시 참고하라.

문제 22. SAT 점수

B가 답이다. 화자는 학생들의 실력이 좋아졌기 때문이 아니라 시험 보는 기술을 습득했기 때문에 SAT 점수가 올라갔다고 생각한다. 화자의 논증을 분석해보자.

> 결론: 학생들의 학업 실력이 높아진 게 아니라 시험 보는 기술을 더 많이 습득했을 뿐이다.
> 논거: 학생들의 기본 실력이 약해졌다는 점은 연구에서 확인되었다.
> 논거: 시험 점수가 점점 올라가고 있다.
> 전제: 시험 점수가 올라가는 것과 학업 실력이 좋아지는 것 사이에 뚜렷한 상관관계가 없다.

인과관계 오류는 두 사건 간의 인과관계를 혼동할 때 발생한다. 상황 A가 B의 원인이 되었다는 가정을 세웠더라도 'A가 실제로 B 사건의 원인인가?'라고 다시 물어보자. 실력이 향상되면 반드시 시험 점수가 올라가는가? 아니다. 하지만 시험을 잘 치르면 점수는 올라간다.

보기 A와 E: 제시된 지문의 화자는 시험 점수가 올라갔다는 사실을 공격하기는커녕 오히려 그 사실에 동의하고 있다. **보기 D:** 순환 추론은 논거가 결론을 뒷받침하고, 그 결론이 다시 논거를 뒷받침할 때를 일컫는다. 이 문제에는 해당되지 않는다.

문제 23. 발데즈

E가 답이다. 발데즈 덕분에 회사의 수익률이 15%로 늘었다는 화자의 논증을 약화시키려면, 수익을 증가시킨 또 다른 원인을 찾아서 제시해야 한다.

보기 A, C, D: 수익의 증가에 영향을 미칠 수 있는 요인들이기는 하지만, 그 상관관계를 확실히 제시할 수 없다. **보기 B:** 생산력이 높아졌다고 실제 생산량이 늘어날지는 미지수다. 또한 늘어난 생산량이 실제 수익으로 이어질 것이라고 확신할 수 없다.

문제 24. 헤드라인

C가 답이다. '낮은 자존감이 비만과 우울증을 불러온다'는 의견이 기사의 논증을 가장 약화시킨다. 이 논증에 따르면, 우울증의 실제 원인은 낮은 자존감이고 비만과 우울증은 그로 인해 발생한 결과가 된다.

문제 25. TV 시청

E가 답이다. 'A가 B의 원인이다'는 명제를 무너뜨리거나 확실하게 반박하는 한 가지 방법은 뒤바뀐 인과관계를 증명해 보이는 것이다. E는 뒤바뀐 인과관계를 보여주면서 논증을 반박하고 있다. 폭력적인 프로그램이 사람을 공격적으로 만드는 게 아니라 공격적인 사람이 폭력적인 프로그램을 찾아서 보는 것이라고 기존의 논증을 뒤집어서 보여준다.

보기 A와 B: 기존의 논증을 다소 약화시킨다. 그러나 연관관계가 확실하지 않다. **보기 C와 D:** 논증과 관련 없는 이야기다.

문제 26. 상어

B가 답이다.

이제 잘못된 답을 살펴보자. **보기 A:** 기존의 논증을 조금 뒷받침해주고 있지만 확실한 근거로 보기는 어렵다. **보기 C:** 해양 보호지구에 상어가 남아 있지 않다는 점을 제시해서 기존의 논증을 약화시킨다. **보기 D:** 금속 벨이 달린 손목 밴드라는 대안적 설명을 예를 들어서 기존의 논증을 약화시킨다. 밝은 색의 금속성 슈트 때문이 아니라 다른 장치들 때문에 상어가 서퍼를 공격하지 않았다는 뜻이기 때문이다. **보기 E:** 관련이 없다. 기존 논증은 서퍼들과 상어의 관계에 대해서만 말하고 있다.

만약 실제로 '상어가 금속성 슈트를 입은 서퍼를 피하고 검은색 슈트를 입은 서퍼만을 공격했는지' 알아보고 싶다면 어떻게 해야 할까? 다음의 표를 살펴보자.

	상어가 공격한 경우	상어가 공격하지 않은 경우	서퍼 총 합계
검은색 서핑 슈트	(a)	(b)	xx
금속성 서핑 슈트	(c)	(d)	xx
	xx	xx	xxx

만약 금속성 슈트의 효과를 증명하고 싶은 사람이라면 (a)와 (d)의 사례를 인용할 확률이 높다. 즉 검은색 슈트를 입고 상어의 공격을 받은 (a)와 금속성 슈트를 입고 상어의 공격을 받지 않은 (d)의 사례를 인용해서 자신의 의견을 강화할 것이다. 슈트와 상어의 공격이 아무 관계가 없다고 주장하고 싶은 사람은 아마도 (b)와 (c)의 사례를 인용할 것이다. 즉 금속성 슈트를 입고서도 상어의 공격을 받은 (c)의 사례와 검은색 슈트를 입었지만 상어의 공격을 받지 않은 (b)의 사례를 언급할 확률이 높다. 이렇게 자신의 주장을 강화하는 사례만 선택한다면 진실과는 점점 멀어질 수밖에 없다.

금속성 슈트의 효과를 제대로 밝히고 싶다면 백분율을 비교해봐야 한

다. 검은색 슈트를 입고 상어의 공격을 받았던 서퍼의 수를 검은색 슈트를
입은 전체 서퍼의 수로 나눈다. 마찬가지로 금속성 슈트를 입고 상어의 공
격을 받았던 서퍼의 수를 금속성 슈트를 입은 전체 서퍼의 수로 나눈다. 이
렇게 해서 나온 두 개의 백분율 수치를 비교해서 결론을 도출해야 한다.

문제 27. 태양 에너지

C가 답이다. 아직까지 태양 에너지를 사용하는 데 필요한 기술이 개발되
지 않았다면, 결국 태양 에너지를 사용하는 계획은 실행될 수 없을 것이다.

보기 A: 관련이 없다. **보기 B:** 힘이 막강한 공공기관이 공정하게 정보를
공개하지 않을 수도 있다는 점을 은근히 드러내고 있다. 기존의 논증을 다
소 약화시켰다. **보기 D와 E:** 비용을 문제점으로 제기하고 있지만, 기존의 논
증은 처음부터 비용에 대해서는 언급하고 있지 않다. 오직 환경오염을 일
으키지 않고 방사선의 위험이 없기 때문에 태양 에너지를 사용해야 한다
고 주장했을 뿐이다.

문제 28. 고전

E가 답이다. 무언가를 실행하려면, 욕구나 동기가 반드시 필요하다. 따라
서 '할 수 있다'와 '할 것이다'를 같은 의미로 해석할 수는 없다. 기존의 주
장에서 가장 의미심장한 단어는 '할 수 있다'이지만, 무언가를 할 수 있다고
해서 반드시 '할 것이다'라고 볼 수는 없다.

글을 읽을 수 있지만 다른 것을 하면서 시간을 보내는 사람도 있고, 게으른 사람이라도 고전을 읽어볼 수 있다. 기존의 논증에서 우리가 알 수 있는 것은 '누군가는 고전을 읽어볼 것이다'라는 점뿐이다. 그 중 일부는 독서 의욕이 높을 수도 있고 게으를 수도 있다. 화자처럼 글을 읽는 모든 사람이 고전에 대한 독서 의욕이 높을 거라고 가정할 수는 없다.

문제 29. 경기 침체

C가 답이다. 사람들이 새로운 기술을 배워서 새롭게 자립할 수 있을 거라는 기존 주장은 제법 설득력 있게 들린다. 그러나 실직한 동안 스스로를 부양하고 새로운 기술을 배우려면 그만큼 충분한 자금을 가지고 있어야 한다. 기존의 논증은 누구나 그러한 자금을 가지고 있을 거라고 가정하고 있다.

보기 A와 E: 원래 논증과 관계가 없다. **보기 B와 D:** 원래의 주장을 다른 방식으로 반복하고 있을 뿐이다.

고전적인 논증 구조를 이용해서 이 문제를 다시 한 번 분석해보자. 결론은 무엇인가? 첫 문장 '경기 침체를 통해 산업계는 변화의 기회를 잡을 수 있다'가 결론이다. 나머지 문장들은 논거이다. 결론을 읽고 잠시 생각해보자. 경기 침체는 왜 새로운 기회가 되는가? 그 이유는 무엇인가? 그것을 알아보기 위해서는 논거나 가정을 살펴봐야 한다. 여기서는 '사람들이 재교육을 받을 수 있기 때문이다'라고 말하고 있다. 즉 이 논증은 '모든 사람들이 재교육에 필요한 시간과 돈을 가지고 있다'고 전제하고 있다.

문제 30. 대중교통

A가 답이다. 논증의 범위를 벗어났다. 기존의 논증은 공해를 줄이기 위해 사람들이 대중교통을 이용해야 한다고 말했을 뿐이다.

보기 B, C, D, E: 모두 합당한 실행 전제다. 즉 기존의 논증이 설득력을 지니려면, 충분한 수의 사람들이 차를 가지고 있고 그들이 실제로 운전해서 출근하는 상황이어야 한다. 또한 지금의 대중교통 시스템이 현재의 출퇴근 인원을 모두 수용할 수 있어야 하며, 그와 관련된 재정적인 근거가 있어야 하고, 마지막으로 대중교통을 이용하는 게 편리하고 쉬워야만 결과적으로 사람들이 대중교통을 이용하도록 유도할 수 있다. 화자는 이러한 요건들이 갖추어져 있다는 전제 하에 자신의 논리를 펼치고 있는 것이다.

문제 31. 레인보우 회사

B가 답이다. 만약 티나가 레인보우 회사에 대한 기사를 모른다면 기존의 논증은 타당하지 않다.

보기 A와 C: 관련 없는 논증이다. **보기 D:** 성명서를 통해 위법사실을 부인하지 않았다고 해서 그것이 꼭 잘못을 인정한다는 의미는 아니다. 이 회사가 실제로 잘못을 저질렀는지 아닌지는 주어진 논증과 관계가 없다. **보기 E:** 티나가 대학교 1~2학년 때 환경보호 단체의 일원이었다는 사실은 기존의 주장을 조금 약화시킨다. 하지만 절대적인 것은 아니다.

문제 32. 성격

C가 답이다.

보기 A: 왜곡이다. 면접은 중요하지만 그것만으로 입학에 성공하는 것은 아니다. 면접 결과와 입학 사이에는 높은 상관관계가 있지만, 면접이 입학을 위한 충분조건은 아니다. **보기 B:** 면접이 가장 중요한 요소라고 단언할 수 없다. **보기 D:** 단 하나의 목적을 위해서만 면접을 진행한다고 볼 수는 없다. 지원자의 성격을 파악하는 것도 중요하지만 그와 동시에 지원자의 가능성이나 학습 목표를 알아보는 장이 될 수도 있다. **보기 E:** 비슷한 시간대에 비슷한 장소에서 반드시 면접을 진행해야 할 필요는 없다. 면접 장소가 달라진다고 면접 과정이나 결과의 일관성이 떨어지는 것은 아니다.

문제 33. 여피 카페

개요의 형태로 해결책 제시하기

제시된 논증은 인터넷을 활용해서 광고하면 사업의 수익성이 높아질 것이라고 주장하고 있다. 그 근거로 여피 카페의 사례를 들었다. 여피 카페는 인터넷 광고를 시작한 후 거래량이 지난해에 비해 15% 늘었다고 한다. 하지만 이 논증은 몇 가지 논란이 될 수 있는 전제를 바탕으로 하고 있다.

전제 공격하기

• 첫째, 이 논증은 거래량이 15% 늘어난 것이 매출이나 수익이 15% 늘어난 것과 같다고 가정하고 있다. 올바른 비교를 하려면 '거래 증가'라는 용어의 의미를 명확하게 밝혀야 한다.

• 둘째, 이 논증은 인터넷 광고와 거래 증가 사이에 인과관계가 있다고 가정하고 있다.

• 셋째, 이 논증은 여피 카페가 다른 모든 사업을 대표한다고 가정하고 있다.

• 넷째, 이 논증은 모든 회사가 인터넷 광고에 사용할 자본을 가지고 있으며 그 광고비용이 앞으로 올리게 될 매출보다 낮다고 가정하고 있다.

논거 공격하기

• 15%라는 수치는 모든 회사에서 달성할 수 있는 목표인가? 아니면 포화시장을 점유하고 있는 오래된 회사가 달성할 수 있는 목표인가? 혹은 매년 비약적인 성장을 거듭하고 있는 신생 회사에서 달성할 수 있는 목표인가?

결론

• 결론적으로 이 논증을 강화하려면 인터넷 광고와 매출의 관계, 대표적인 표본의 타당성, 비교와 유추 전제, 실행 전제를 입증하기 위해 더 많은 정보를 증거로 제시해야 한다.

- '절대적이다'는 표현의 어조를 순화시켜서 논증을 뒷받침할 수도 있다. '여피 카페의 성공은 인터넷을 활용하면 여러분의 사업 수익성도 높아질 거라는 결과를 보여줍니다'라는 원래의 논증을, '여피 카페의 성공은 인터넷을 활용하면 사업의 수익성이 높아질 거라는 한 가지 가능성을 보여줍니다'로 바꿔서 진술할 수 있다.

- 마지막으로 '성공'이라는 용어의 의미를 좀 더 확실히 정해야 한다. 성공을 어떻게 정의할 것인가?

에세이 형식으로 해결책 제시하기

제시된 논증은 인터넷을 활용해서 광고하면 사업의 수익성이 높아질 것이라고 주장하고 있다. 그 근거로 여피 카페의 사례를 들었다. 여피 카페는 인터넷 광고를 시작한 후 거래량이 지난해에 비해 15% 늘었다고 한다. 하지만 이 논증은 몇 가지 논란이 될 수 있는 전제를 바탕으로 하고 있기 때문에 타당하지 않다.

첫째, 이 논증은 인터넷 광고와 거래 증가 사이에 인과관계가 있다고 가정하고 있다. 그러나 사실은 인터넷 광고와는 관계없는 다른 이유들 때문에 거래량이 늘어났을 수도 있다. 예를 들어, 여피 카페의 주요 경쟁업체가 폐업했거나, 여피 카페에서 품질이 더 좋은 커피를 판매하기 시작했거나, 입소문이 퍼져 거래가 늘어났거나, 전체적으로 경기가 좋은 시기일 수도 있다.

둘째, 이 논증은 여피 카페가 다른 모든 업체들을 대표한다고 가정하고 있다. 대표성 전제의 오류를 저지른 셈이다. 커피 전문점, 헬스클럽, 서점 등 소비자 중심의 회사들이 인터넷 광고를 이용하면 도움을 받을 수 있을지도 모른다. 하지만 석유·가스회사나 광산회사의 경우는 어떨까? 단 한 가지 사례를 일반화해서 다른 모든 회사에 적용해서는 곤란하다.

셋째, 이 주장은 다른 모든 회사에도 컴퓨터가 있고 광고를 올리기 위해 인터넷에 접속할 수 있으며, 인터넷 시스템을 관리할 수 있는 직원들을 고용하고 있고 충분한 자금이 있다고 가정하고 있다. 동시에 인터넷 광고비용이 매출 증가로 얻게 되는 수익을 넘지 않을 것이라고 가정한다. 그러나 이러한 사항들은 실행 전제에 해당하는 내용들이다.

넷째, 이 논증은 거래가 15% 늘어난 것과 수익이 15% 늘어난 것을 같다고 가정하고 있다. '거래 증가'라는 말이 매출을 가리킬 수도 있지만, 매출과 수익은 같지 않다. 수익은 비용과 매출, 판매량에 의해서 결정된다. 게다가 '거래 증가'라는 말은 너무 모호하다. 고객 수가 15% 늘었다고 해서 매출이나 수익이 15% 늘었다고 말할 수 있을까? 만약 커피의 가격이 너무 낮다면 고객이 늘어도 수익은 별로 늘지 않을 것이다.

결론적으로, 이 주장을 뒷받침하기 위해서는 광고와 거래 증가 사이의 인과관계를 입증해주는 더 많은 정보가 필요하다. 일단 여피 카페가 예외적인 사례가 아니라는 점을 보여주는 근거들이 필요하고, 다른 회사들도 인터넷 접속을 할 수 있다는 것을 확인해야 한다. 또한 거래 증가가 매출 증가로 이어진다는 것을 보여주는 증거나 매출 증가를 수익 증가로 해석할 수 있는 증거를 제시해야 한다.

'성공'이라는 단어는 특히 모호하기 때문에 의미를 명확히 해둘 필요가 있다. 거래가 15% 늘었다는 것을 '성공'의 범주에 넣을 수 있을까? 벤처투자자 입장에서는 50% 이상의 수익을 올려야만 성공이라고 느낄 것이다. 게다가 고객 만족도가 올라가거나 직원의 업무능력이 향상되는 것은 성공이 아닌가?

이럴 경우 사용했던 어조의 표현을 부드럽게 바꿔서 논증을 강화할 수도 있다. '여피 카페의 성공은 인터넷을 활용하면 여러분의 사업 수익성도 높아질 거라는 결과를 보여줍니다'라는 원래의 논증을, '여피 카페의 성공은 인터넷을 활용하면 사업의 수익성이 높아질 거라는 한 가지 가능성을 보여줍니다'로 바꿔서 진술하면 논증의 타당성이 높아진다.

PART 5. 논리 완전 정복

문제 34. 화학자

B가 답이다. 이 문제는 후건 긍정의 오류를 보여준다. 화학자는 과학자에 속하므로, 모든 화학자는 확실히 과학자이다. 그러나 모든 과학자가 화

학자는 아니다. 세상에는 화학자 외에 생물학자, 물리학자 등 다양한 유형의 과학자들이 있다.

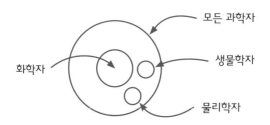

보기 A와 D: 앞부분의 명제는 맞지만 뒤에 나오는 명제가 틀렸다. **보기 C** 앞부분의 명제가 틀렸다.

문제 35. 복잡한 줄거리

C가 답이다. 지문의 마지막에 나오는 문장, 즉 '각본이 중요한 예술 작품의 위치를 유지하려면, 각본 작가는 계속해서 복잡한 줄거리를 구성하는 데 공을 들여야 한다'는 주장은 글쓴이의 결론이기도 하다. 또한 '~라면 ~이다'의 형식을 따르고 있기 때문에 이것의 대우 명제 또한 글쓴이의 의견이 된다. 보기 C의 내용, 즉 '각본의 줄거리가 복잡하지 않다면 중요한 예술 작품이 아닐 것이다'가 바로 기존 논증의 대우 명제이다.

보기 A: 후건 긍정의 오류를 보여주는 예시다. 복잡한 줄거리 외에두 중요한 예술 작품을 결정짓는 요소는 많다. **보기 B**: 전건 부정의 오류이다. 보기 D: 글쓴이가 '예술 작품이 될 가능성'에 대해 언급한 적은 없다. **보기 E:** 글쓴이가 다양한 줄거리의 필요성에 대해서 언급한 적은 없다. 하나의 원고 속에 하나의 복잡한 줄거리만 있어도 충분할 것이다.

문제 36. 교내 술집

D가 답이다.

제시된 지문은 전건 부정의 오류에 해당한다. 확실히 기말고사 기간에는 교내 술집의 맥주 판매량이 늘어날 것이다. 스트레스를 풀고 싶어 하거나 시험이 끝난 것을 축하하려는 학생들이 많아질 것이기 때문이다. 하지만 기말고사 기간이 아니라도 축제 기간이나 스포츠 시즌이 되면 맥주 판매량은 늘어날 것이다.

이제 논증의 구조를 살펴보자.

기말고사 주간 → 맥주가 많이 팔린다: 기말고사 주간에는, 맥주 판매량이 높아진다.

기말고사 주간이 아니면 → 맥주가 많이 팔리지 않는다: 기말고사 주간이 아닐 때에는, 맥주 판매량이 낮아진다.

이 구조를 정답 D와 비교해보자.

행복하면 → 웃는다.

행복하지 않으면 → 웃지 않는다.

제시된 지문과 보기 D는 같은 구조로 되어 있다. 보기 D 역시 전건 부정의 오류에 해당한다. 행복하지 않다고 해서 반드시 미소를 짓지 않는 것은 아니기 때문이다. 기분이 좋지 않을 때라도 습관적으로 미소를 짓는 사람들도 있다.

문제 37. 발코니

C가 답이다. 화자의 말을 통해서 알 수 있는 것은, 5층이 넘는 모든 아파트에 발코니가 있다는 사실뿐이다. 5층 이하의 아파트에는 발코니가 있는지 없는지 확신할 수 없다.

'A라면 B이다'는 명제가 옳다고 해서, 만약 A가 아니라 C나 D, E라면 B가 될 수 없다는 뜻은 아니다. 예를 들어, 광고를 많이 해서 회사 매출이 증가했다고 해보자. 그 결과가 사실이라고 해도, 제품의 가격을 높이거나 유능한 매니저를 고용하는 방식으로는 매출을 높일 수 없다는 뜻은 아니다.

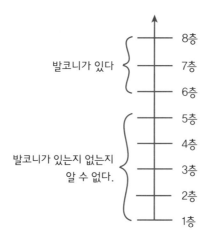

참고: '부자라면, 세금을 낮추는 것에 찬성할 것이다'는 말이, '가난하다면 세금을 낮추는 것에 찬성하지 않을 것이다'는 의미는 아니다.

문제 38. 지구 온난화

D가 답이다. 필요조건과 충분조건을 구분해야 한다. 법안을 통과시키는 일은 지구 온난화를 막는 데 필요하지만 충분조건은 아니다.

문제 39. 판매원의 자격

C가 답이다.

데브라는 이렇게 주장했다. "유능한 판매원이 되려면 친절해야 돼." 그러나 톰은 그녀의 말을 이렇게 오해했다. "어떤 사람이 친절하기만 하다면 그 사람은 유능한 판매원이 될 거야." 톰은 후건 긍정의 오류를 범하고 말았다. 만약 그가 데브라의 말을 오해하지 않았다면 "맞아. 친절하지 않다면 유능한 판매원이 될 수는 없을 거야"라고 말했을 것이다.

문제 40. 축구

A가 답이다. 베스는 마리의 말을, '브라질 월드컵 축구팀 선수들만 훌륭해'라고 오해했다.

문제 41. 의료계

A가 답이다.

아래 다이어그램을 살펴보면 어떤 외과 의사들은 연구원이라는 사실을 알 수 있다.

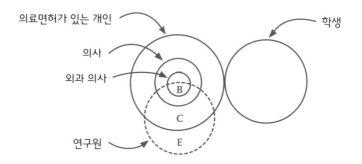

문제 42. 밸리 고등학교

E가 답이다. 물리 수업을 듣는 모든 학생이 수학을 공부하고 수학 수업을 듣는 학생 중 프랑스어 수업을 듣는 학생이 없다면, 물리 수업을 듣는 학생 중 프랑스어 수업을 듣는 학생도 없다는 결론에 이른다.

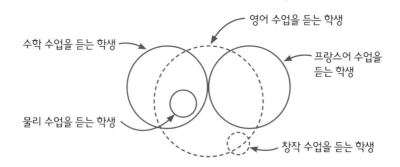

문제 43. 젊음과 교육

43-1)

D가 답이다. 화자의 목적은 무엇인가? 화자는 왜 이런 글을 썼는가? "젊음의 고유한 특징인 '미성숙함'이 교육을 받아들일 때 장애물로 작용하기 때문에, 학교는 학생들을 교육시키기 위해서 애쓸 것이 아니라 진정한 배움의 자세를 갖출 수 있도록 준비시켜야 한다"는 의견을 알리기 위해서 썼다.

보기 A: 교육 철학이 지칭하는 범위는 너무 넓고 일반적이다. **보기 B:** 지문의 범위를 벗어났다. 화자가 직접 인문학의 중요성을 강조한 적은 없다. **보기 C:** 지문을 통해서 알 수 있는 타당한 내용이다. 그러나 질문이 요구하는 답에 비해 지나치게 세밀한 내용을 담고 있다. **보기 E:** 지문의 범위를 벗어났다.

개요를 묻는 질문일 경우, 오답일 확률이 높은 보기의 유형은 다음과 같다. 지문의 범위를 벗어난 경우, 지문의 내용과 반대되는 경우, 의미를 왜곡한 경우, 너무 일반적으로 서술한 경우, 너무 자세히 서술한 경우. **보기 C**가 너무 자세히 서술했다면 **보기 A**는 너무 일반적으로 서술했다.

개요를 묻는 질문 유형이라면 주제, 범위, 목적만 파악하면 답이 나온다. 주제는 전체 지문에서 중심이 되는 내용을 뜻한다. 이 지문의 주제는 교육이다. 범위는 주제 중 화자가 관심을 보이는 특정 분야를 가리킨다. 여기에서는 학교 수업과 교육이라고 할 수 있다. '화자는 이 글을 통해 무엇을 말하고 싶은가'는 목적에 해당한다.

특히 정답은 거의 항상 주제와 관련된 단어를 포함하고 있다. 위 지문의 보기 중 B와 E를 다시 한 번 살펴보자. '교육'이라는 주제어가 빠져 있다. 즉 오답인 것이다.

43-2)

E가 답이다. 지문에 나타난 세부 내용을 묻는 질문이다. 지문을 꼼꼼하게 읽어보면서 답에 해당하는 부분에 밑줄을 그어볼 수도 있다. 지문을 살펴보면, '학교는 배움에 대한 열정을 북돋아서 나이가 들어서도 계속 배울 수 있게 도와주어야 한다'는 문장과 '지적인 훈련을 경험하고, 필요한 기술을 배우고, 교육을 통해 기본적인 아이디어와 문제를 약간이나마 이해하면서 배움의 세계에 발을 디뎠다면 그나마 나은 편이다'는 문장, '학습 능력이 있고 배움의 목적을 이해하고 있는 사람이라면 누구나 배움의 길에 오를 수 있다'는 문장을 찾을 수 있다. 이것을 토대로 답을 유추해볼 수 있다.

보기 A: 지문의 범위를 벗어났다. 화자가 기초적인 교육 수준에 대해 논의한 적은 없다. **보기 B와 D:** 화자의 의도와 반대되는 내용이다. 화자는 학교에서 진정한 교육이 이루어질 수 없다고 주장했다. '학교 공부'를 '교육'이라는 말로 바꾼다고 해서 진정한 교육이 이루어지는 것은 아니다. 또한 화자는 지금의 어른들은 배움에 대한 욕구를 잃어버렸다고 주장했다. 그러니 어른들의 의견을 꼼꼼히 조사해야 한다는 보기의 내용은 화자의 의도와 반대되는 의견이다.

보기 C: 의미를 왜곡했다. 극단적이거나 단정적이거나 절대적인 단어를 사용하면 왜곡이 일어난다. 여기에서는 '학업적인 성취를 이루어낸 사람만 이'라는 단정적인 문장이 왜곡을 일으켰다. 높은 학업 성취도는 교육을 받기 위한 필요조건이 될 수 있지만 그 자체로 충분조건은 아니다. 게다가 화자는 지문에서 학업 성취도를 언급한 적이 없으므로 이 보기의 내용은 왜곡 유형인 동시에 범위에서 벗어난 유형이라고 볼 수 있다.

43-3)

B가 답이다. 추론 문제 유형이다. 지문에 명백하게 나와 있지는 않지만 논리적으로 추론할 수 있는 답을 찾는 문제다. 화자는 지문에서 '젊은이는 앞으로 받을 교육을 준비할 수는 있지만 성숙한 남성과 여성만이 교양 있는 사람이 되며, 4·50대에 진정한 배움을 시작해야 60대가 된 이후에 진정한 통찰력, 현명한 판단력, 실용적인 지혜를 조금이라고 가질 수 있게 된다'고 분명히 밝혔다. 즉 40대에 배움의 길에 들어선 후 10~20년 동안 끊임없이 노력해야 교양 있는 사람이 될 수 있다는 의미다.

추론 문제 유형이라면, **보기 A와 D**의 경우처럼 지문의 범위를 벗어난 오답을 종종 찾아볼 수 있다. **보기 C**는 아마도 가장 까다로운 오답 유형일 것이다. 화자는 지문에서 '학교와 대학교'라고 언급했지만 꼭 대학교를 졸업해야 한다고는 말하지 않았다. 사실 지문 속의 언급만으로는 화자가 지칭한 대학교의 특징이 무엇인지 전혀 알 수가 없다. **보기 E**는 설득력이 부족하다.

일반적으로 자국의 문화를 이해하려면 다른 나라가 아닌 자신의 나라 곳곳을 여행해봐야 한다. 물론 지문과도 관계없는 내용이다.

43-4)

A가 답이다. 화자는 어른들이 학교 수업과 진정한 배움을 구분하지 못한다고 생각한다.

이 문제는 화자의 어조를 묻고 있다. 즉 화자가 '어른'에 대해서 어떤 태도를 지니고 있는지 묻고 있다. 화자라면 대상에 대해 긍정적이거나 부정적이거나 중립적인 태도를 갖게 마련이지만, 객관적인 정보를 기술하는 과학 지문이 아니라면 중립적인 태도를 취하는 경우는 극히 드물다.

이제 문제의 보기를 살펴보자. '소중한 파트너', '양심적인 시민'과 같은 표현들은 대상에 대한 긍정적인 감정을 포함하고 있다. 반면에 '무식한 참가자', '오만한 범인' 속에는 대상에 대한 부정적인 감정이 들어 있다.

화자는 '어른'에 대해 다소 부정적인 태도를 취하고 있다. 그러므로 긍정적인 느낌의 C와 D는 답이 아니다. 화자는 '어른들'을 피해자라고 생각하지도 않기 때문에 동정하는 태도가 들어 있는 B 역시 답이 아니다. E는 지나치게 부정적이다.

43-5)

C가 답이다. 지문의 구조를 묻는 문제다. 지문 속에 몇 개의 관점이 들어

있는지, 그 관점들의 관계는 어떠한지 생각해본다.

보기 A: 화자는 자신의 의견을 첫 문장에서 밝힌 다음 그것을 뒷받침하는 내용이나 경험, 견해를 이어서 제시하고 있다. 하지만 객관적인 분석은 찾아보기 힘들다. 만약 지문 속에 객관적인 분석이 들어가 있었다면 설문조사나 통계 또는 대안이 되는 관점 등의 자료도 함께 들어 있을 것이다. **보기 B:** 화자는 자신이 동의하는 한 가지 아이디어를 제시했다. **보기 D:** 두 가지 관점이 아닌 단 하나의 관점이 제시되어 있다. **보기 E:** 화자가 제시한 관점을 대중적이라고 볼 수는 없다. 화자의 주장이 옳다면, 진정한 배움을 잃어버린 대부분의 어른들은 이 글을 이해할 수 없을 것이기 때문이다. 물론 다른 관점도 찾아볼 수 없다. 화자는 다른 관점을 보여주기보다는 자신의 한 가지 관점을 점차 발전시키는 방식으로 논리를 강화해나가고 있다.

부록 3. 대표적인 열 가지 상충관계

문제 44. 상충관계 유형 찾기

1. 화석 연료

F가 답이다. 이 문제는 단기간과 장기간이 상충되는 관계 유형이다.

이 사례에서 두 사람은 똑같이 태양 에너지가 현재의 에너지를 대체하는 수단이 될 거라고 생각한다. 하지만 그것을 단기간에 실행할 수 있을지에 대해서는 의견이 다르다.

2. 미라클 알약

E가 답이다. 이 문제는 질과 양이 상충되는 관계 유형이다.

한 알의 알약 속에 들어 있는 진통제 성분(효과)이 질이라면, 진통제의 가격은 양이다.

그런데 화자의 논증은 타당한 것일까? 화자는 한 병당 동일한 개수의 알약이 들어 있다고 가정하고 있다. 이 가정이 참일 때만 화자의 주장은 참이 된다. 즉 미라클이 아스피린보다 효율이 높으려면 미라클 한 알이 아스피린 두 알에 맞먹는 진통 효과를 지니고 있어야 하며 한 병당 들어 있는 알약의 개수도 같아야 한다.

만약 아스피린 한 병당 20개의 알약이 들어 있고, 미라클 한 병당 10개의 알약이 들어 있다면 화자의 주장은 타당성을 잃게 된다.

3. 불법복제

A가 답이다. 이 문제는 폭과 깊이의 상충관계 유형이다.

화자는 저렴하지만 비슷한 장르의 음악을 계속 듣는 것보다 비싸지만 다양한 음악을 즐기는 쪽이 더 낫다고 주장한다. 여기에서 비슷한 장르의 음악을 계속 듣는 것은 깊이에 해당하고, 다양한 음악을 즐기는 것은 폭에 해당한다.

4. 컴퓨터 전문가

G가 답이다. 이 문제는 특수와 일반의 상충관계 유형이다.

이 지문에서는 전문적인 기술(특수)과 폭넓은 인문학 교육(일반)이 서로 상충하고 있으며, 화자는 다양한 인문학 교육을 통해 분석적인 사고방식을 키운 사람일수록 고위직에 올라갈 확률이 높다고 주장하고 있다.

만약 이 주장을 약화시키고 싶다면 어떻게 해야 할까? 전문적인 기술을 습득한 사람도 분석적인 사고방식을 가질 수 있다는 것을 증명하면 된다. 예를 들어 컴퓨터 프로그래밍처럼 전문적인 영역에 몰두하다 보면 자연스럽게 분석적인 사고방식도 키워진다고 반박할 수 있다.

5. 노동자

I가 답이다. 이론과 실제의 상충관계 유형이다.

화자는 실질적인 경험을 해본 노동자가 노조 지도부를 맡아야 한다고 주장한다.

만약 이 주장을 약화시키고 싶다면 어떻게 해야 할까? 업계의 시스템을 파악하고 조정하는 데 실제 경험이 꼭 필요하지 않을 수도 있다는 점을 증명하면 된다. 즉 현장에 있는 사람은 업계의 시스템을 거시적으로 파악하기 어려울 수도 있고, 오히려 한 발 물러서서 바라볼 때 비로소 보이는 것들이 있다는 걸 증명하면 된다.

6. 매출

D가 답이다. 수단과 목적의 상충관계 유형이다.

임원진은 매출을 늘려야 한다고 결정을 내렸지만 어떻게 매출을 늘릴 것인지에 대해서는 두 가지 의견을 내놓고 있다. 여기서 매출 신장은 목적이고, 판매원 고용이나 시장 조사는 다양한 수단이다.

7. 안전한 곳

B가 답이다. 통제와 우연의 상충관계 유형이다.

폭력적인 환경을 피해서 교외로 이사하는 것은 폭력에 대한 통제이다. 반면에 자동차 사고로 인한 죽음이나 자살 등은 사전에 통제하기 어려운 우발적인 폭력이다.

8. 표현의 자유

C가 답이다. 개인과 집단의 상충관계 유형이다.

화자는 기본적으로 표현의 자유에는 한계가 없지만, 그것이 집단의 권리를 해칠 때에는 더 이상 자유롭지 않다는 이야기를 하고 있다. 여기에서 개인과 집단의 권리는 서로 상충관계에 있다.

9. 역사학자

H가 답이다. 주관과 객관의 상충관계 유형이다.

화자는 자연과학자들의 열정과 역사학자들의 객관성을 대립하는 관계로 보고 있다. 즉 주관성과 객관성의 상충관계라고 볼 수 있다.

만약 이 주장을 약화시키고 싶다면 어떻게 해야 할까? 일단 두 특성은 상충관계에 있기 때문에 한 사람이 두 가지 특성을 지니고 있기란 거의 불가능하다. 즉 화자는 자연과학자들의 열정을 옹호하고 그들의 성과가 최고라고 말하고 있지만, 열정과 객관성은 상충관계에 있기 때문에 그들의 성과는 열정만 가득하고 객관성은 상실한 결과물이 될 확률이 높다.

10. 발견

J가 답이다. 전통과 변화의 상충관계 유형이다.

추장 노드웰은 '좋아, 전통(선례)의 손을 들어주지. 콜럼버스가 미국을 차지했으니 나는 이탈리아를 가져야겠어'라고 말한다. 즉 '콜럼버스가 미국에 대한 소유권을 주장했으니 나도 이탈리아에 대한 소유권을 주장할 수 있다'는 논리이다. 화자는 이 재미있는 일화에 이어서 '하지만 사실 추장에게는 이탈리아를 가질 수 있는 권리가 없다. 그러므로 콜럼버스가 미국에 대한 소유권을 주장한 것은 잘못이다'는 변화에 대한 자신의 논리를 펼치고 있다.

말과 글과 생각이 업그레이드되는
탄탄한 논리력

초판 1쇄 발행 2015년 12월 30일
초판 4쇄 발행 2021년 12월 6일

지은이 브랜던 로열
옮긴이 정미화

펴낸이 민혜영
펴낸곳 (주)카시오페아 출판사
주소 서울시 마포구 월드컵로 14길 56, 2층
전화 02-303-5580 | **팩스** 02-2179-8768
홈페이지 www.cassiopeiabook.com | **전자우편** cassiopeiabook@gmail.com
출판등록 2012년 12월 27일 제2014-000277호
외주편집 정지영
디자인 WooJin(宇珍)

ISBN 979-11-85952-28-4 03170